Sachsen-Anhalt in Europa -
Europa in Sachsen-Anhalt

Wolfgang Renzsch (Hrsg.)

Sachsen-Anhalt in Europa – Europa in Sachsen-Anhalt

Zur Europapolitik in einem neuen Bundesland

Leske + Budrich, Opladen 2004

Gedruckt auf alterungsbeständigem und säurefreiem Papier

Die Deutsche Bibliothek – CIP-Einheitsaufnahme
Ein Titeldatensatz für die Publikation ist bei
Der Deutschen Bibliothek erhältlich

ISBN-13: 978-3-8100-4155-5   e-ISBN-13: 978-3-322-81011-3
DOI: 10.1007/978-3-322-81011-3

© 2004 Leske + Budrich, Opladen

Das Werk einschließlich aller seiner Teile ist urheberrechtlich geschützt. Jede Verwertung außerhalb der engen Grenzen des Urheberrechtsgesetzes ist ohne Zustimmung des Verlages unzulässig und strafbar. Das gilt insbesondere für Vervielfältigungen, Übersetzungen, Mikroverfilmungen und die Einspeicherung und Verarbeitung in elektronischen Systemen.

Satz: Verlag Leske + Budrich, Opladen
Druck: DruckPartner Rübelmann, Hemsbach

Inhaltsverzeichnis

Wolfgang Böhm
Die Bedeutung der Errichtung des Europäischen Hochschulraumes
für die Wissenschaftspolitik des Landes Sachsen-Anhalt 9

Tilman Tögel
Sachsen-Anhalt im Ausschuss der Regionen. 23

Jürgen Meyer
Der Brüssler Konvent und die zukünftige Verfassung der
Europäischen Union – Zur Rolle der Regionen in Europa
und weiteren Schwerpunkten der Konventsarbeit. 37

Thomas Wobben
Die Vertretung von Landesinteressen in Brüssel – die Arbeit
des Verbindungsbüros des Landes Sachsen-Anhalt bei der EU 51

Manfred Püchel
Die Rolle der Landesparlamente im europäischen Integrationsprozess:
Die Perspektive der Opposition. 65

Rainer Robra
Sachsen-Anhalts Zukunft in einem sich vereinigenden Europa 83

Der Herausgeber/Die Referenten 105

Einleitung

In diesem Band sind sechs Vorträge aus der öffentlichen Ringvorlesung „Sachsen-Anhalt in Europa – Europa in Sachsen-Anhalt" zusammengestellt[1], die im Wintersemester 2002/03 an der Otto-von-Guericke Universität Magdeburg gehalten wurde. Anlass war der Start des neuen Studienganges European Studies an der Magdeburger Universität. Ziel der Vorlesungsreihe war es, gerade im Hinblick auf die Studienanfänger und die Öffentlichkeit konkret aufzuzeigen, in welcher Weise und welchem Umfang „Europa" ein zentrales Thema für die Landespolitik und Landesverwaltung ist. Zudem hofften wir, mit der Thematisierung konkreter Politik den Studierenden mögliche Berufsperspektiven aufzeigen zu können. Der Feststellung, dass Bedarf an qualifizierten jungen Menschen mit einer vertieften Europakompetenz und soliden Kenntnissen mehrere Fremdsprachen nicht abnimmt, sondern eher steigt, wurde von niemanden widersprochen. Auch aus diesem Grunde war nicht der wissenschaftliche Diskurs zu Europa das Thema, sondern vielmehr das europäische „Alltagsgeschäft" von Politik und Verwaltung.

In den einzelnen Beiträgen geht es um Wissenschafts- und Forschungspolitik des Landes Sachsen-Anhalt im europäischen Kontext (Wolfgang Böhm), um die Mitwirkung auf der europäischen Ebene in Brüssel, konkret im Ausschuss der Regionen (Tilman Tögel) und durch das Verbindungsbüro des Landes (Thomas Wobben) sowie die Perspektiven der Länder in einer reformierten und erweiterten EU (Jürgen Mayer), um die Rolle des Landesparlaments, insbesondere der Opposition (Manfred Püchel) und schließlich um die Perspektiven des Landes im Zuge insbesondere der Osterweiterung der EU (Rainer Robra). Die einzelnen Beiträge stehen jeweils für sich und bedürfen keiner weiteren Kommentierung des Herausgebers.

Den Referenten ist dafür zu danken, dass sie freundlicherweise Ihre Manuskripte rechtzeitig zur Verfügung gestellt haben. Ein besonderer Dank gilt der Landeszentrale für politische Bildung des Landes Sachsen-Anhalt, die die Drucklegung ermöglicht hat.

Magdeburg, den 25. Februar 2003   *Wolfgang Renzsch*

---

[1] Zu unserem Bedauern fehlt ein Betrag. Der Referent sprach ohne Manuskript und sah sich bedauerlicherweise nicht in der Lage, uns eine schriftliche Fassung zur Verfügung zustellen.

*Wolfgang Böhm**

Die Bedeutung der Errichtung des Europäischen Hochschulraumes für die Wissenschaftspolitik des Landes Sachsen-Anhalt

Einleitung

Die Hochschulbildung auch im Land Sachsen-Anhalt unterliegt einer zunehmenden Internationalisierung, die sich als systematische Einbeziehung einer internationalen Dimension in Lehre, Forschung und öffentliche Dienstleistungsfunktionen der Universitäten und Hochschulen versteht. Der Studiengang „European Studies" an der Otto-von-Guericke-Universität hat hierbei aufgrund seiner internationalen Ausrichtung und seiner interdisziplinären Anlage eine besondere Bedeutung für die Hochschullandschaft in Sachsen-Anhalt. Die zunehmende Internationalisierung ist Folge der Globalisierung, die ein Konzept zur Beschreibung der gewaltigen Veränderungen des wirtschaftlichen, sozialen, politischen und kulturellen Umfelds, die durch weltweiten Wettbewerb, Integration der Märkte, zunehmend dichtere Kommunikationsnetze, Informationsflüsse und Mobilität ausgelöst werden, darstellt.

Die europäischen Hochschulsysteme müssen daher bestrebt sein, die internationale Dimension in angemessener und wirksamer Form zu berücksichtigen, um die Bürger und insbesondere die Arbeitnehmer auf ein globales Umfeld vorzubereiten.

Zum Auftakt werde ich über die europäische Dimension in der Wissenschaftspolitik Sachsen-Anhalts sprechen. Dies verlangt, unsere eigenen politischen Bemühungen in dem institutionellen Rahmen darzustellen, in dem wir handeln. Deshalb gebe ich zuerst eine kurze Übersicht über den Integrationsgrad des Hochschulsystems in Europa und in Deutschland. Danach möchte ich in sechs Aspekten die Rahmenbedingungen der vor uns liegenden Entwicklung der nächsten Jahre skizzieren, die mit dem Begriff „Bologna-Erklärung" verbunden sind. Abschließend werde ich in einigen Anmerkungen auf die spezielle Situation Sachsen-Anhalts in diesem Prozess eingehen.

---

* Gehalten 21. Oktober 2002. Die in dem Beitrag erwähnte Konferenz der europäischen Wissenschaftsminister am 18./19. September 2003 in Berlin (s.u. S. 11) hat inzwischen stattgefunden. Durch ihre Beschlüsse wurden die Verbindlichkeit und das Tempo des hier geschilderten Integrationsprozesses, insbesondere bei der Einführung gestufter Studiengänge (s.u. S. 12) weiter erhöht.

I. Integration des Hochschulsystems in Europa und Deutschland

Die europäischen Bildungsprogramme, insbesondere ERASMUS, haben die internationale Kooperationsfähigkeit der europäischen Hochschulen deutlich gefördert. Allerdings werden die Wettbewerbsvorteile noch nicht umfassend genutzt, die die Hochschulen aufgrund ihrer Teilnahme am Programm ERASMUS erlangen konnten, wie beispielsweise die Anerkennung von im Ausland erbrachten Studienleistungen, gegenseitige Transparenz von stark voneinander abweichenden Bildungssystemen, Mobilität der Lehrenden und gemeinsame Lehrplanentwicklung.

Während sich die europäische Gemeinschaft intensiv mit den Bedürfnissen der europäischen Bürger und der europäischen Hochschulsysteme auseinander setzt, wird deutlich, dass die Herausforderungen der Globalisierung überall in der Welt in ähnlicher Weise begriffen werden. Die Zahl der mobilen Studierenden, die ein Auslandsstudium anstreben, ist heute größer als je zuvor.

Gegenwärtig verbringt die Mehrheit der internationalen Austauschstudenten den Auslandsaufenthalt vorwiegend in den Vereinigten Staaten (547.867 ausländische Studierende im Studienjahr 2000/2001). In Europa weist der internationale Studentenaustausch ein deutliches Ungleichgewicht auf: mehr als drei Viertel der rund 400.000 Personen aus nichteuropäischen Ländern, die in der Europäischen Union studieren, haben Großbritannien, Frankreich oder Deutschland als Gastland gewählt. Dies ist ein Indikator dafür, dass es den europäischen Hochschulen bisher kaum gelungen ist, ihre individuellen Stärken, die Vielfalt ihrer Bildungsangebote und ihre umfassende Netzwerkerfahrung zu kombinieren, um dadurch Studiengänge mit Weltniveau anzubieten, die nur in Europa zu finden wären und die den Vorteil hätten, dass die internationale Mobilität maximal genutzt würde und den EU-Ländern sowie den Partnerländern in umfassenderer Weise zugute käme.

Aus diesen Erkenntnissen heraus haben sich die für Hochschulbildung zuständigen Minister Frankreichs, Deutschlands, Großbritanniens und Italiens am 25. Mai 1998 in der „Sorbonne-Erklärung" verpflichtet, sich für einen gemeinsamen Rahmen der Hochschulausbildung einzusetzen, um die Anerkennung der akademischen Abschlüsse im Ausland und die Mobilität der Studierenden innerhalb Europas zu fördern. Am 19. Juni 1999 wurde in Bologna die Gemeinsame Erklärung „Der europäische Hochschulraum" von 29 europäischen Bildungsministern verabschiedet. Sie benennt die wesentlichen Ziele, die die europäischen Bildungsminister für die Errichtung des europäischen Hochschulraumes und die Förderung der europäischen Hochschulen weltweit als vorrangig ansehen.

Am 18./19. Mai 2001 fand in Prag die erste Bologna-Nachfolgekonferenz statt. Dort wurde festgestellt, dass die in der Bologna-Erklärung festgelegten Ziele eine breite Akzeptanz gefunden und haben von den meisten Unterzeichnerstaaten und deren Universitäten und anderen Hochschuleinrichtungen als Grundlage für die Entwicklung des Hochschulwesens genutzt werden.

Im „Prager Kommuniqué" wurden die Bologna-Zielsetzungen bekräftigt und die Bedeutung von Mobilität, Qualitätssicherung und Akkreditierung, der europäischen Dimension in der Bildung, des lebenslangen Lernens und der Beteiligung der Hochschulen und Studierenden bei der Schaffung des europäischen Hochschulraums betont. In Prag wurden neben den 30 Signatarstaaten der Bologna-Erklärung drei weitere Staaten – Kroatien, Zypern, Türkei – als Mitglieder des Bologna-Prozesses aufgenommen. Die Konferenz in Prag hat auch Neuerungen hinsichtlich der Gremienstrukturen und der Verfahren zur Vorbereitung von Ministersitzungen im Bologna-Prozess gebracht. In der großen Bologna-Gruppe (der sogenannten Follow-up-Group) sind alle Unterzeichnerstaaten vertreten. Den Vorsitz führt das jeweilige Präsidialland der EU. Neues Vollmitglied der Gruppe ist die EU-Kommission. Dadurch soll eine bessere Verzahnung mit der Bildungsarbeit in den Gremien der Europäischen Union erreicht werden.

Die Vorbereitungsgruppe (Preporatory-Group) setzt sich aus Vertretern der Gastgeberländer der vorangegangenen Ministertreffen, des folgenden Ministertreffens, zweier EU-Mitgliedstaaten sowie zweier Nicht-EU-Mitgliedstaaten zusammen.

Auch die EU-Präsidentschaft und die Europäische Kommission nehmen an den Sitzungen teil. Den Vorsitz in dieser Gruppe führt bis zum nächsten Ministertreffen, das auf den 18./19. September 2003 in Berlin anberaumt ist, Deutschland. Soviel zum institutionalisierten System des „Bologna-Prozesses" im europäischen Rahmen.

Wie stellt sich die Situation nun in Deutschland dar?

Die Ziele der „Bologna-Erklärung" stehen im Einklang mit den Zielsetzungen, die Bund und Länder für die Modernisierung des Hochschulwesens in Deutschland und die Stärkung seiner internationalen Attraktivität in den letzten Jahren entwickelt haben. Hervorzuheben ist an dieser Stelle die gemeinsame Initiative von Bund und Ländern zur „Stärkung des internationalen Studienstandortes Deutschland", die u.a. eine sehr erfolgreich angelaufene Kampagne zum internationalen Hochschulmarketing für Deutschland als Studienstandort umfasst.

Auch die deutschen Hochschulen haben in einer gemeinsamen Erklärung die Reformziele des Bologna-Prozesses begrüßt. Die Hochschulrektorenkonferenz hat darüber hinaus am 5./6. Oktober 2000 mit Unterstützung des Bundesministeriums für Bildung und Forschung eine Konferenz in Berlin organisiert, auf der unter dem Titel „From Bologna to Prague" der Reformprozess in Deutschland einem europäischen Publikum vorgestellt und mit diesem diskutiert wurde.

II. Aspekte der Bologna-Erklärung

Zu den inhaltlichen Aspekten der „Bologna-Erklärung" ergibt sich im einzelnen folgendes Bild:

1. Einführung vergleichbarer Studienabschlüsse

Die Bologna-Erklärung verlangt die „Einführung eines Systems leicht verständlicher und vergleichbarer Abschlüsse, auch durch die Einführung eines Diplomzusatzes (Diploma Supplement) mit dem Ziel, die arbeitsmarktrelevanten Qualifikationen der europäischen Bürger ebenso wie die internationale Wettbewerbsfähigkeit des europäischen Hochschulsystems zu fördern".

Bund und Länder haben in ihrem gemeinsamen Bericht zur Stärkung der internationalen Wettbewerbsfähigkeit des Studienstandortes Deutschland darauf hingewiesen, dass die Einführung des neuen Graduiertensystems mit Bachelor-/Bakkalaureus- und Master-/Magisterstudiengängen begleitet sein muss von Maßnahmen, die die Akzeptanz der Abschlüsse in Wirtschaft und Gesellschaft fördern und den Absolventen neue Chancen auf dem Arbeitsmarkt eröffnen. In Deutschland wurde das neue Graduierungssystem neben dem herkömmlichen System mit den tradierten Abschlüssen Diplom, Magister und Staatsexamen eingeführt. Im Hinblick auf diese Parallelität kommt der Entwicklung eines europaweit akzeptierten einheitlichen Diploms mit detaillierten Erläuterungen zu dem jeweiligen Abschluss große Bedeutung zu. Ausgehend von dem Bericht einer gemeinsamen Arbeitsgruppe der Europäischen Kommission, des Europarates und der UNESCO wurde von der Hochschulrektorenkonferenz in Zusammenarbeit mit den Ländern ein einheitliches „Diplom Deutschland" entwickelt. Die Anwendung steht allen Hochschulen über das Internet zur Verfügung und wurde mittlerweile von fast allen Hochschulen abgerufen.

Darüber hinaus unternehmen die Länder und die Hochschulen gemeinsame Anstrengungen, um die herkömmlichen Diplom-, Magister- und Staatsexamensstudiengänge strukturell so weiter zu entwickeln, dass sie leichter in international übliche Strukturen eingeordnet werden können.

2. Einführung eines Studiensystems, das sich im wesentlichen auf zwei Hauptzyklen stützt

Die Bologna-Erklärung spricht sich aus für die „Einführung eines Systems, das sich im wesentlichen auf zwei Hauptzyklen stützt: Einen Zyklus bis zum ersten Abschluss (undergraduate) und einen Zyklus nach dem ersten Abschluss (graduate).

Regelvoraussetzung für die Zulassung zum zweiten Zyklus ist der erfolgreiche Abschluss des ersten Studienzyklus, der mindestens drei Jahre dauert. Der nach dem ersten Zyklus erworbene Abschluss attestiert eine für den europäischen Arbeitsmarkt relevante Qualifikationsebene. Der zweite Zyklus sollte, wie in vielen europäischen Ländern, mit dem Master und/oder der Promotion abschließen."

Neben dem herkömmlichen „einphasigen" Graduierungssystem in Deutschland wurde mit der Novellierung des Hochschulrahmengesetzes vom 20. August 1998 ein neues Graduierungssystem mit gestuften Abschlüssen eingeführt.

Die Vorgaben des Hochschulrahmengesetzes sind inzwischen in alle Landeshochschulgesetze übernommen worden. Damit wird der Zielsetzung in der Bologna-Erklärung „nach Unterscheidung von zwei Zyklen mit einem ersten Abschluss (Undergraduate studies) und einem zweiten Abschluss (Graduate studies)" Rechnung getragen. Eine weitere Konkretisierung erfuhr das neue Graduierungssystem mit dem Strukturbeschluss der Kultusministerkonferenz. Dabei hat sie insbesondere die Berufsbefähigung als ein unverzichtbares Merkmal des ersten Abschlusses hervorgehoben.

Die Studiendauer bis zum ersten Abschluss wurde schon im Hochschulrahmengesetz (HRG) entsprechend der „Bologna-Erklärung" mit mindestens drei und höchstens vier Jahren festgelegt.

Bis zum Sommersemester 2002 wurden in der Bundesrepublik Deutschland 544 Bachelor-Studiengänge und 367 Master-Studiengänge eingerichtet. Es ist zu erwarten, dass sich die dynamische Entwicklung in diesen Bereichen fortsetzt und sich die Anzahl der Studierenden in diesen Studiengängen in den kommenden Jahren deutlich erhöhen wird, zumal einige Hochschulen nach den ersten Erfahrungen augenblicklich eine großflächige Einführung der gestuften Studiengänge vorbereiten oder für die nähere Zukunft planen.

Die internationale Orientierung der Einführung des neuen Graduierungssystems wurde durch gezielte Programme flankiert, von denen insbesondere hervorzuheben sind:

- das Modellprogramm „International ausgerichtete Studiengänge"
- das so genannte „Master-Plus"-Programm, das dazu beiträgt, ausländischen Studierenden mit erstem Hochschulabschluss den Einstieg in das deutsche Hochschulsystem zu erleichtern
- das Programm „Binationale integrierte Studienprogramme mit Doppeldiplom".

In diesen drei Förderprogrammen werden zur Zeit rund 100 Studiengänge mit Auslandsbezug in Deutschland über den Deutschen Akademischen Austauschdienst gefördert.

Außerdem sind die besonderen Fördermöglichkeiten im Rahmen des Hochschul- und Wissenschaftsprogramms zu erwähnen.

Der Wissenschaftsrat hat bereits im Januar 2000 eine Empfehlung zur Einführung neuer Studienstrukturen und -abschlüsse (Bachelor/Master) in Deutschland vorgelegt. Die neuen Abschlüsse nehmen auch in den aktuellen Empfehlungen des Wissenschaftsrates zur Entwicklung der Fachhochschulen vom 18. Januar 2002 breiten Raum ein. Der Wissenschaftsrat spricht sich für die konsequente Einführung des neuen Graduierungssystems an Fachhochschulen aus.

Für die Bachelor-/Bakkalaureus- und Master-/Magisterstudiengänge hat die Kultusministerkonferenz mit Beschluss vom 3. Dezember 1998 unter Bezugnahme auf die entsprechenden Beschlüsse der Hochschulrektorenkonferenz vom 6. Juli 1998 ein Akkreditierungsverfahren eingeführt.

Um diesen neuen Abschlüssen auch auf dem Arbeitsmarkt eine hinreichende Anerkennung zu sichern, hat die Kultusministerkonferenz ihre Position hinsichtlich der Zuordnung der Abschlüsse zu den Laufbahnen des öffentlichen Dienstes festgelegt, über die derzeit mit der für das Dienstrecht zuständigen Konferenz der Innenminister der Länder verhandelt wird. Kultusministerkonferenz und Hochschulrektorenkonferenz haben sich dafür ausgesprochen, dass alle Abschlüsse deutscher Hochschulen beruflich die gleichen Start- und Bewerbungschancen bieten sollen. Einen Beschluss zur akademischen Wertigkeit der neuen Abschlüsse hat die KMK am 14. April 2000 verabschiedet.

Flankiert wurde und wird die Einführung des neuen Graduierungssystems durch eine Vielzahl von Kongressen, Symposien und anderen Informationsveranstaltungen. So hat die Hochschulrektorenkonferenz im Herbst 2001 den Landesrektorenkonferenzen angeboten, Workshops zum Thema „Bologna-Prozess" durchzuführen. Die ersten Veranstaltungen dieser Reihe haben zu Beginn des Jahres 2002 stattgefunden.

3. Leistungspunktsystem und Modularisierung

Die Bologna-Erklärung fordert die „Einführung eines Leistungspunktsystems als geeignetes Mittel der Förderung größtmöglicher Mobilität der Studierenden. Punkte sollten auch außerhalb der Hochschulen, beispielsweise durch lebenslanges Lernen, erworben werden können, vorausgesetzt, sie werden durch die jeweiligen aufnehmenden Hochschulen anerkannt."

Mit der Teilnahme deutscher Hochschulen an dem groß angelegten Modellversuch der Europäischen Union zur Entwicklung eines European-Credit-Transfer-System (ECTS) als Unterpunkt des EU-Mobilitätsprogramms SOKRATES/ERASMUS hat Deutschland maßgeblich an der Etablierung eines in ganz Europa geltenden europäischen Leistungspunktsystems mitgewirkt. Die Hochschulgesetze der Länder sollen Leistungspunktsysteme und Modularisierung der Studiengänge vorsehen. Gemäß dem Strukturbeschluss der Kultusministerkonferenz vom 5. März 1999, zuletzt geändert am 14. Dezember 2001, ist bei der Genehmigung der neuen Bachelor-/Bakkalaureus- und Master-/Magisterstudiengänge nachzuweisen, dass der Studiengang modularisiert und mit einem Leistungspunktsystem versehen ist. Die Beschlüsse der Kultusministerkonferenz zu Modularisierung und Leistungspunkten sind auch im Akkreditierungsverfahren zu beachten.

Bereits in ihrem ersten Folgebericht zur Stärkung der Attraktivität des Studienstandorts Deutschland vom 18. Dezember 1997 hat sich die Kultusministerkonferenz klar dafür ausgesprochen, dass bei der Einführung eines Leistungspunktsystems auf das europäische ECTS-System zurückgegriffen werden soll. Der Ausbau des Transfersystems zu einem System der Kumulation von Prüfungsleistungen wird angestrebt.

Hinzuweisen ist ferner auf das von Bund und Ländern bereits 1998 aufgelegte Modellversuchsprogramm „Modularisierung", von dem eine Konkretisierung der strukturellen und curricularen Voraussetzungen der Modularisierung erwartet wird. Die Bund-Länder-Kommission für Bildungsplanung und Forschungsförderung (BLK) hat am 30. Oktober 2000 einen Zwischenbericht ihres Ausschusses „Bildungsplanung" zum BLK-Modellversuchsprogramm „Modularisierung" zustimmend zur Kenntnis genommen. Der abschließende Gesamtbericht ist in Vorbereitung.

Die Kultusministerkonferenz hat im September 2000 Rahmenvorgaben zur Einführung von Leistungspunktsystemen und Modularisierung beschlossen. Damit werden die Konzepte von Modularisierung und Leistungspunkten auf eine länderübergreifende gemeinsame Basis gestellt, um das Maß an Einheitlichkeit in der Entwicklung herzustellen, das erforderlich ist, um die länder- und hochschulübergreifende Mobilität der Studierenden zu gewährleisten.

Mit Beschluss vom 4. Juli 2000 hat sich die Hochschulrektorenkonferenz für eine weitere Ausweitung des ECTS-Systems an deutschen Hochschulen ausgesprochen.

Hervorzuheben ist in diesem Zusammenhang auch die von der Kultusministerkonferenz in Übereinstimmung mit der Hochschulrektorenkonferenz festgelegte Umrechnung des deutschen Notensystems in das ECTS-System, die von Hochschulen bei der Formulierung neuer Prüfungsordnungen bereits berücksichtigt wird. Seit 1. Oktober 2001 fördern Bund und Länder das neue Modellversuchsprogramm „Entwicklung eines Leistungspunktsystems an Hochschulen". Das dreijährige Verbundprogramm ist mit rd. 7,9 Mio. Euro aus Bundes- und Landesmitteln ausgestattet. An sechs Verbundprojekten sind 13 Länder mit 33 Hochschulvorhaben beteiligt. Zum Programm gehören die Sicherung vergleichbarer Maßstäbe für die Bewertung der Module mit Leistungspunkten anhand der studentischen Arbeitsbelastung (*work load*), der Aufbau eines EDV-gestützten Systems für die Prüfungsadministration und die rechtliche Absicherung des Leistungspunktsystems in Prüfungs- und Studienordnungen. Die wissenschaftliche Begleitung erfolgt durch eine Evaluierungsgruppe, der neben Bundes- und Ländervertretern als externe Sachverständige Experten der Hochschulrektorenkonferenz, des Deutschen Akademischen Austauschdienstes und der Zentralen Evaluierungs- und Akkreditierungsagentur Hannover (ZEvA) angehören.

Eine Umfrage des DAAD vom Dezember 2000 zeigt, dass im Akademischen Jahr 2000/2001 insgesamt 185 deutsche Hochschulen, davon 93 Fachhochschulen, ECTS in rund 1.340 Bereichen einführen oder bereits anwenden. Dabei wird ECTS nicht nur für Bachelor-/Bakkalaureus- und Master-/Magisterstudiengänge, sondern auch für herkömmliche Studiengänge angewendet.

4. Förderung der Mobilität durch Überwindung der Hindernisse, die der Freizügigkeit in der Praxis im Wege stehen

Die Bologna-Erklärung postuliert die „Förderung der Mobilität durch Überwindung der Hindernisse, die der Freizügigkeit in der Praxis im Wege stehen insbesondere für Studierende: Zugang zu Studien- und Ausbildungsangeboten und zu entsprechenden Dienstleistungen für Lehrer, Wissenschaftler und Verwaltungspersonal: Anerkennung und Anrechnung von Auslandsaufenthalten zu Forschungs-, Lehr- oder Ausbildungszwecken, unbeschadet der gesetzlichen Rechte dieser Personengruppen."

Dass es auf diesem Gebiet immer noch Probleme gibt, davon können manche Gastwissenschaftler aus dem europäischen Ausland und Institutsdirektoren, die zuweilen sogar wegen Internationalisierung ihrer Wissenschaft durch die Arbeits- und Ausländerbehörden kriminalisiert werden, leider ein Klagelied singen. Eigentlich sollte ja alles bereits viel besser sein: Unter dem Gesichtspunkt der stärkeren Internationalisierung konnten bereits im Jahr 1998 die ausländer- und arbeitserlaubnisrechtlichen Voraussetzungen für ein Studium oder einen Forschungsaufenthalt in Deutschland deutlich verbessert werden. Die Verbesserung der Rahmenbedingungen ist zudem eine wichtige Aktionslinie im Rahmen der „Konzertierten Aktion für das internationale Marketing für den Bildungs- und Forschungsstandort Deutschland". Die Konzertierte Aktion hat am 22. Juni 2001 ein Positionspapier verabschiedet, in dem weitere Maßnahmen zur Verbesserung der Arbeitsbedingungen für ausländische Wissenschaftler sowie der Rahmenbedingungen für Studierende und Nachwuchswissenschaftler aufgezeigt wurden.

Die Anliegen, Mobilitätshindernisse zu überwinden und die Freizügigkeit zu fördern, haben außerdem Eingang in das Zuwanderungsgesetz gefunden. Die Kultusministerkonferenz sieht noch Klarstellungs- bzw. Handlungsbedarf hinsichtlich der Regelungen von Verdienst- und Arbeitsmöglichkeiten neben dem Studium, der aufenthalts- und arbeitsgenehmigungsrechtlichen Behandlung von Studienkollegiaten und Sprachschülern, Studierenden in postgradualen Studiengängen, Doktoranden und Teilnehmern an wissenschaftlicher Weiterbildung sowie der Sicherung der geltenden Rechtsstellung ausländischer Wissenschaftler.

Nach dem geltenden Hochschulrahmengesetz, das in diesem Punkt allerdings gegenwärtig auf sein Verfassungsgemäßheit überprüft wird, bleibt in Deutschland das Studium bis zum ersten berufsqualifizierenden Abschluss, bei konsekutivem Studienaufbau bis zum zweiten Abschluss gebührenfrei. Das gilt auch für ausländische Studierende. In einzelnen Ländern wird bei wesentlicher Überschreitung der Regelstudienzeit eine Studiengebühr verlangt. Die Länder und die Hochschulen sind vielfältig bemüht, die soziale und fachliche Betreuung ausländischer Studierender an deutschen Hochschulen zu verbessern. Die Hochschulrektorenkonferenz hat eine Handreichung für Hochschul- und Fachbereichsleitungen verabschiedet, die auf die Rolle der Hochschule als Gastgeberin für ausländische Studierende und Hochschullehrer eingeht.

Auch vermehrte Studienangebote in englischer Sprache tragen dazu bei, die Integration ausländischer Studierender in das Studium in Deutschland zu erleichtern. Mit dem Beschluss der 190. Plenarversammlung der Hochschulrektorenkonferenz (21./22. Februar 2000), den so genannten „TestDaF" (Test Deutsch als Fremdsprache für ausländische Studienbewerber) als möglichen Test der Deutschkenntnisse ausländischer Studienbewerber anzuerkennen, wurden die Voraussetzungen zur Einführung von TestDaF geschaffen. Die Kultusministerkonferenz hat den TestDaF (Niveaustufe III) mit dem Deutschen Sprachdiplom der Kultusministerkonferenz (Stufe II) gleichgestellt. TestDaF bietet ausländischen Studienbewerbern die Möglichkeit, ihre sprachlichen Fähigkeiten für ein Studium in Deutschland bereits in ihren Heimatländern überprüfen und feststellen zu lassen. Die ersten beiden Testverfahren konnten weltweit 2001 abgehalten werden.

In Deutschland beteiligen sich mehrere Hochschulen als lizensierte Testzentren an den Verfahren, um den Test parallel zur DSH zu erproben. Das TestDaF-Institut wird in Zusammenarbeit mit dem Lehrgebiet „Deutsch als Fremdsprache" die Hochschulen bei der Entwicklung von Kriterien unterstützen, um die mit TestDaF gegebenen differenzierten Möglichkeiten zur Feststellung der sprachlichen Eignung und Zulassung ausländischer Studienbewerber nutzen zu können.

5. Förderung der europäischen Zusammenarbeit bei der Qualitätssicherung

Die Bologna-Erklärung unterstützt die „Förderung der europäischen Zusammenarbeit bei der Qualitätssicherung im Hinblick auf die Erarbeitung vergleichbarer Kriterien und Methoden".

Über das Qualitätsmanagement der einzelnen Hochschulen hinaus nimmt das System hochschulübergreifender Qualitätssicherung in der Bundesrepublik zunehmend Konturen an. Transnationale Initiativen und Zusammenschlüsse von Hochschulen sowie Evaluierungseinrichtungen haben sich mit dem Ziel transnationaler Evaluierung etabliert oder stehen kurz vor der Arbeitsaufnahme. Im Zuge der Einführung des neuen Graduierungssystems haben Kultusministerkonferenz und Hochschulrektorenkonferenz ein Akkreditierungssystem mit einem länderübergreifenden Akkreditierungsrat für die Einführung der neuen Bachelor-/Bakkalaureus- und Master-/Magisterstudiengänge geschaffen.

Ziel der Akkreditierung ist die Gewährleistung fachlich-inhaltlicher Mindeststandards und die Überprüfung der Berufsrelevanz der Abschlüsse. Die Vorgaben des Hochschulrahmengesetzes sowie die von der Kultusministerkonferenz beschlossenen Strukturvorgaben für diese Studiengänge sind der fachlich-inhaltlichen Akkreditierung der Studiengänge zugrunde zu legen. Bisher wurden nur die Bachelor-/Bakkalaureus- und Master-/Magisterstudiengänge nach § 19 HRG in das Akkreditierungsverfahren einbezogen.

Das Akkreditierungsgeschehen liegt im wesentlichen bei Agenturen in unterschiedlicher Trägerschaft und mit unterschiedlicher Ausrichtung in der Zielsetzung (Regionale Agenturen und Agenturen mit spezifischer fachlicher Ausrichtung). Akkreditiert werden einzelne Studiengänge nach entsprechender Begutachtung. Eine zentrale, länderübergreifende Akkreditierungseinrichtung (Akkreditierungsrat) akkreditiert die Agenturen und in Ausnahmefällen auch Studiengänge. Sie hat am 30. November 1999 Mindeststandards und Kriterien für die Akkreditierung beschlossen. Dem Akkreditierungsrat gehören Vertreter der Hochschulen, der Länder und der Berufspraxis an. Der Akkreditierungsrat hat inzwischen sieben Agenturen akkreditiert. Vom Akkreditierungsrat und den Agenturen, die ihre Arbeit z. T. erst im Jahr 2000 aufgenommen haben, wurden bisher 81 Studiengänge akkreditiert. Eine wesentlich höhere Zahl befindet sich im Verfahren. Eine aktuelle Liste über akkreditierte Agenturen und akkreditierte Studiengänge wird vom Akkreditierungsrat im Internet angeboten.

Die Arbeit des Akkreditierungsrats und seines Sekretariats wurde im Herbst 2001, zwei Jahre nach Arbeitsaufnahme, durch eine international besetzte Gutachtergruppe evaluiert. In ihrem Abschlussbericht vom Oktober 2001 kommt die Gutachtergruppe zu folgendem Ergebnis:

„Deutschland hat mit dem Aufbau eines länderübergreifenden Akkreditierungsrates und der Durchführung der Akkreditierungsverfahren in einer Vielzahl unterschiedlicher Agenturen eine gute Antwort auf die Herausforderung des internationalen Wettbewerbs gefunden.
Die Gutachter betrachten die Akkreditierung als Bestandteil eines umfassenden Systems der Qualitätssicherung und als Baustein bei der Modernisierung des Hochschulsystems.
Gerade aus Sicht der europäischen Nachbarn werden die Länder in der Bundesrepublik Deutschland und die Hochschulen bestärkt, auf diesem Weg fortzuschreiten."

Nach dieser Evaluation haben sich die Länderminister im Oktober 2001 grundsätzlich für die Beibehaltung des zweistufigen Akkreditierungssystems entschieden. Im März 2002 wurden Aufgaben, Verfahren und Organisation der Akkreditierung präzisiert. Künftig werden die Länder in diesem Verfahren auch die gemeinsamen Aufgaben nach § 9 HRG (Sicherung der Gleichwertigkeit der Abschlüsse und des Hochschulwechsels) wahrnehmen. Der Wissenschaftsrat kann mit der institutionellen Akkreditierung neuer privater Anbieter von Hochschulausbildung betraut werden und führt entsprechende Verfahren durch. Außerdem bereitet der Wissenschaftsrat Empfehlungen zum Qualitätsmanagement an Hochschulen vor. Das aus Mitteln des BMBF finanzierte und von der Hochschulrektorenkonferenz durchgeführte Projekt „Qualität der Lehre" fördert die länderübergreifende Information und den Erfahrungsaustausch auf dem Gebiet der Qualitätssicherung. Bund, Länder und Hochschulrektorenkonferenz wirken darauf hin, dass das sich etablierende hochschulübergreifende Qualitätssicherungssystem der Bundesrepublik von vornherein in das europäische Netzwerk zur Qualitätssicherung eingebunden wird. Die wichtigsten Qualitätssicherungsagenturen sind Mitglied im europäischen Netzwerk.

In Abstimmung mit dem Bundesministerium für Bildung und Forschung und der Hochschulrektorenkonferenz hat sich die Kultusministerkonferenz für eine maßgebliche Mitwirkung Deutschlands in dem entstehenden europäischen Netzwerk zur Qualitätssicherung ausgesprochen und die Rahmenbedingungen für die Mitwirkung Deutschlands definiert. Die Bundesrepublik strebt eine aktive Mitwirkung in der Steuerungsgruppe des europäischen Netzwerkes an.

6. Förderung der erforderlichen europäischen Dimensionen im Hochschulbereich

Die Bologna-Erklärung strebt die „Förderung der erforderlichen europäischen Dimensionen im Hochschulbereich, insbesondere in Bezug auf Curriculum-Entwicklung, Zusammenarbeit zwischen Hochschulen, Mobilitätsprojekte und integrierte Studien-, Ausbildungs- und Forschungsprogramme" an.

Der europäischen Dimension im Bezug auf Curriculumentwicklung, Hochschulzusammenarbeit, Mobilitätsprojekten und integrierten Studien-, Ausbildungs- und Forschungsprogrammen tragen die deutschen Hochschulen in vielfacher Weise Rechnung. Die Zusammenarbeit von deutschen und ausländischen Hochschulen im Rahmen vertraglich abgestimmter Hochschulpartnerschaften gewinnt immer mehr an Bedeutung. Neben den herkömmlichen Formen der Hochschulkooperation entwickeln sich zunehmend komplexe, Hochschulen mehrerer Länder einbeziehende Netzwerke der Zusammenarbeit, die teilweise regional ausgerichtet sind oder sich aus einem besonderen wissenschaftlichen Schwerpunkt der jeweils beteiligten Hochschulen heraus entwickeln.

Zu nennen sind beispielsweise

- die großen regionalen grenzüberschreitenden Verbünde (z.B. Saar-Louis-Lux-Trier/Westpfalz), die Europäische Konföderation der Oberrheinischen Universitäten EUCOR (Freiburg i. Br., Basel, Strasbourg, Karlsruhe, Mulhouse), die kontinuierlich ausgebaut und in der Intensität der Zusammenarbeit verbessert werden
- das International Project der RWTH Aachen, das besonders qualifizierten Ingenieurstudenten ermöglicht, einen Studienabschnitt an Partnerhochschulen in der Schweiz, in Spanien, in den Niederlanden, in Italien oder in England zu absolvieren
- im Rahmen der transnationalen Zusammenarbeit zwischen den Hochschulen der Niederlande und Niedersachsen geförderte Vorhaben z.B.: Fachhochschule Osnabrück/Saxion Hogeschool Enschede (SHE): Binationales Hochschulzentrum Enschede/Osnabrück (ENOTIS) zur Förderung der Entwicklung von binationalen Studiengängen mit gegenseitig anerkannten Abschlüssen, Austausch von Dozenten und Studierenden sowie Abstimmung des Studienangebots. Parallele Bestrebungen bereiten z. Z. die Universitäten Twente und Osnabrück vor (TWENTOS).
- die Mitarbeit der wirtschafts- und sozialwissenschaftlichen Fakultäten der Universität Köln in Netzwerken, die Forschung, Lehre und Betreuung in einem gemeinsamen Programm internationaler Partneruniversitäten verbinden
- Die Zusammenarbeit von Hochschulen des Ostseeraums, z.B. in der „Nordischen Bauakademie e. V."
- die Beteiligung der Fakultät für Verkehrswissenschaft der Technischen Universität Dresden an der Entwicklung eines Moduls „Transport and Logistics" gemeinsam mit fünf europäischen Universitäten
- ein Konsortium für die Zusammenarbeit in der Hochschulbildung und in der beruflichen Bildung, die die Bauhaus-Universität Weimar mit Hochschulen in den Vereinigten Staaten, den Niederlanden und Italien verbindet
- die internationalen Hochschulzentren in Bayern (Bayerisch-Französisches Hochschulzentrum, München; Bayerisch-Kalifornisches Hochschulzentrum der Universität Erlangen-Nürnberg; Bayerisch-Amerikanisches Zentrum) und
- die Zusammenarbeit der „Palucca Schule Dresden (Hochschule für Tanz)" mit ausländischen Tanzhochschulen im Rahmen der jährlichen „Internationalen Sommerkurse des Tanzes".

Unterstützt werden die Bemühungen der einzelnen Hochschulen durch spezifische Programme von Bund und Ländern, von denen hier insbesondere das Programm „Internationale Studien- und Ausbildungspartnerschaften" (ISAP) zu nennen ist.

Besonders hervorzuheben ist die Deutsch-Französische Hochschule (DFH), eingerichtet aufgrund eines deutsch-französischen Regierungsabkommens vom 19. September 1997, die am 5. Mai 2000 eröffnet wurde. Die DFH ist ein Verbund von Mitgliedshochschulen aus Deutschland und Frankreich. Sie kooperiert mit ihren deutschen und französischen Partnerhochschulen bei der Schaffung von binationalen Studiengängen und Promotionsvorhaben, Graduiertenkollegs und Forschungsprojekten.

Die Einrichtung europäischer Graduiertenkollegs bei der Deutschen Forschungsgemeinschaft trägt der Förderung der europäischen Dimension bei der Ausbildung des wissenschaftlichen Nachwuchses in besonderer Weise Rechnung. Die Bemühungen um besonders qualifizierte ausländische Nachwuchswissenschaftler sollen im Rahmen der europäischen Mobilitätsprogramme weiter verstärkt werden.

III. Wo steht Sachsen-Anhalt in diesem Prozess?

Als ein kleines Bundesland mit einem immer noch bestehenden Nachholbedarf in der Strukturentwicklung nimmt Sachsen-Anhalt bisher an der Entwicklung des europäischen Hochschulraums teil.

Diese Teilnahme geschieht jedoch überwiegend unauffällig im Hauptstrom der Gesamtentwicklung. Bisher fällt Sachsen-Anhalt dabei nicht durch eigene Akzente einer europäischen Forschungs- und Wissenschaftspolitik auf. Dies bedeutet nicht, dass es nicht durchaus eigene Anstrengungen und Erfolge unserer Hochschulen gäbe: Die Zahl internationaler Kooperationen und Partnerschaften im Hochschulbereich wächst. Internationale Beziehungen zwischen Wissenschaftlern werden gepflegt. Die Hochschulen treten zunehmend als Ausrichter internationaler Konferenzen in Erscheinung und erlangen dadurch eine beachtliche Ausstrahlung.

Sowohl projektgebunden in speziellen Fachgebieten, als auch institutionell in Hochschulpartnerschaften verstärken sich die internationalen Netzwerke. Auch die Studierenden wählen immer häufiger Hochschulen im europäischen Raum für semesterweise Studienplatzwechsel oder für Praktika aus. Dabei wächst auch die Zahl von international anerkannten Abschlüssen oder Teilabschlüssen in vielen Studiengängen.

All dies jedoch ist weder eine Besonderheit Sachsen-Anhalts gegenüber anderen Ländern, noch ist es in Sachsen-Anhalt etwa stärker ausgeprägt als anderswo. Diese Entwicklung ist überall in Europa zu beobachten. Sie ist sozusagen Bestandteil einer selbstverständlichen Verstärkung der europäischen Integration im Hochschulsystem.

Eine solche Selbstverständlichkeit ist auch genau das, was der sogenannte Bologna-Prozess letztendlich erreichen will. Dennoch befinden sich dabei die europäischen Regionen in einem Wettstreit um ihr intellektuelles Profil. Auch auf diesem Gebiet haben wir Nachholbedarf. Im europäischen Rahmen ist die relativ stark differenzierte Hochschullandschaft Sachsen-Anhalts nicht schon von sich aus ein hervorstechendes Merkmal, das Sachsen-Anhalt für Studierende und namhafte Wissenschaftler zu einem Anziehungspunkt machen würde. In der Zukunft wird es darauf ankommen, dass die Hochschulen unseres Landes nicht nur untereinander, sondern auch im europäischen Zusammenhang eigene Profile entwickeln und zwar so, dass sie dabei als Region nach außen mit einer spezifischen Ausprägung von Lehre und Forschung erkennbar werden.

Für eine solche Entwicklung gibt es bereits Ansatzpunkte, die teils in der Wissenschaftstradition, teils in neuen Entwicklungen in Forschung und Wirtschaft begründet sind. Hierbei können wir sowohl an geisteswissenschaftliche Traditionen, wie etwa den großen Kreis von mit dem Orient befassten Gebieten an der Universität Halle, als auch die technikorientierten Traditionen in Magdeburg denken. Ansätze für eine Clusterbildung zwischen Wissenschaft und Wirtschaft werden vor allem durch die außeruniversitären Forschungseinrichtungen im Land initiiert. Hier könnte es uns gelingen, aus einem strukturellen Defizit – nämlich der Schwäche der Industrieforschung – auf längere Sicht einen Vorteil zu ziehen. Der bestünde dann in einer sehr engen Verbindung der außeruniversitären Forschungseinrichtungen mit den Hochschulen, die in Deutschland nicht selbstverständlich ist, und bei der die Forschungsinstitute noch stärker als Bindeglied zur Wirtschaft wirken können. Positive Ansätze hierfür gibt es bereits im Bereich Chemie, und auch die gemeinsame Bewerbung von Sachsen-Anhalt und Sachsen um den Aufbau der europäischen Neutronenspallationsanlage weist in diese Richtung.

Zusammenfassend lässt sich sagen: Die europäische Dimension der Wissenschaftspolitik in Sachsen-Anhalt besteht zu einem guten Teil in konstruktiver und wenig spektakulärer Mitarbeit bei der Gestaltung des europäischen Hochschulraums als der zukünftigen Dimension des Hochschulsystems, in dem die Regionen ihren Platz finden. Als ein kleines Bundesland müssen wir aber dennoch darauf achten, hierbei in Zukunft verstärkt eigene Akzente zu setzen. Dabei kann es nicht um irgendwelche Formen der zentralen Steuerung der Inhalte der Forschung gehen. Der Beitrag der Politik kann vielmehr nur darin bestehen, die vorhandenen Möglichkeiten zur Profilierung unserer Hochschulen zu unterstützen. Die inhaltlichen Impulse hierfür werden gewiss – da bin ich mir sicher – von den Studierenden, die sich in diesem Hochschulraum mit ihren Bildungsansprüchen bewegen, und von den Wissenschaftlern, die in ihm arbeiten, kommen. Wir sind gern bereit, Impulse hierfür aus den Hochschulen aufzunehmen und mit ihnen gemeinsam weiterzuentwickeln.

*Tilman Tögel**

Sachsen-Anhalt im Ausschuss der Regionen

Einleitung

Die Vorlesungsreihe an der Otto-von-Guericke Universität findet während einer Periode europapolitisch entscheidender Vorgänge statt. Am 9. Oktober 2002 stellte Günther Verheugen als zuständiger Kommissar den letzten Fortschrittsbericht zum Beitritt der osteuropäischen Staaten der Öffentlichkeit vor. In diesem Bericht ist erstens festgelegt, welche Staaten zum 1. Mai 2004 der Europäischen Union beitreten können, wenn sie bis dahin noch die im Bericht benannten „Hausaufgaben" erledigen. Zum zweiten wird für die Staaten, die zum Januar 2004 noch nicht aufgenommen werden können, eine Perspektive aufgezeigt. Rumänien und Bulgarien steht in Aussicht, im Jahr 2007 Mitglied der Europäischen Union zu werden. Zudem wird auch der Türkei bescheinigt, dass sie Fortschritte gemacht hat, auch wenn sie die Beitrittsreife noch nicht erreicht hat. Allerdings bleibt nach der Parlamentswahl vom 3. November 2002 erst einmal abzuwarten, welche Politik die neue türkische Regierung vertreten wird. Die meisten Kommentatoren erwarten zwar eine positive Entwicklung in Hinblick auf Europa, aber es ist natürlich noch nicht klar, wie die Politik der neuen Regierung aussehen wird.

Das zweite Ereignis, das in der Öffentlichkeit stark beachtet wurde, war das irische Referendum vom 19. Oktober 2002. Dies war dort der zweite Anlauf, um den Vertrag von Nizza zu ratifizieren. Die irische Verfassung sieht dafür eine Volksabstimmung vor. Im Jahr 2002 scheiterte das erste Referendum ganz knapp, das zweite war erfolgreich. Mit relativ deutlicher Mehrheit haben die Iren nun den Vertrag von Nizza, der die Voraussetzungen für die Osterweiterung auch im institutionellen Bereich festgelegt hat, angenommen.

Eine weitere Hürde wurde am 24. Oktober 2002 genommen. Der deutsche Bundeskanzler Gerhard Schröder und der französische Staatspräsident Jaques Chirac haben sich über die Agrarfinanzierung bis zum Jahr 2013 geeinigt. Das war schwierig, weil die Franzosen die Hauptempfänger für Gelder aus der Europäischen Union im Agrarbereich sind, die Deutschen aber Nettozahler. Diese Einigung der beiden Regierungschefs hatte Vorbildcharakter und ist dann einen Tag später, am 25. Oktober, vom Europäischen Rat, der

---

* Gehalten am 4. November 2002.

Versammlung der Regierungschefs der Europäischen Union in Brüssel, bestätigt worden. Im Bereich der Agrarfinanzierung besteht damit, zumindest im Hinblick auf den finanziellen Rahmen, für die nächsten Jahre Sicherheit. Es enthebt die Europäische Union jedoch nicht, tiefgreifende Reformen der Agrarpolitik, die nach wie vor der teuerste Politikbereich der EU ist, und deren Finanzierung vorzunehmen, denn aufgrund der WTO-Verhandlungen werden Änderungen der EU-Agrarpolitik notwendig. Das hat unter Umständen auch Auswirkungen auf die ostdeutschen Landwirtschaftsbetriebe, weil ein Vorschlag der Kommission vorsieht, die Betriebe nur noch bis zu einer Höchstgrenze von 300 000 € zu fördern, was die Agrargenossenschaften in den neuen Ländern vor erhebliche Schwierigkeiten stellen würde. Aber der Zeitpunkt, an dem über die Agrarreformen entschieden wird, ist derzeit ein Stück hinausgeschoben worden. Der Zwang zur Einigung vor der Osterweiterungsentscheidung wurde dadurch beseitigt, das über die Obergrenzen der Finanzen Einigung erzielt wurde.

Eine zweite Entscheidung des Europäischen Rates vom 25. Oktober war der formelle Beschluss des EU-Rates zur Osterweiterung. Die Staats- und Regierungschefs haben das nachvollzogen, was der Fortschrittsbericht Anfang Oktober empfohlen hatte, und damit grünes Licht für den EU-Beitritt der vorgeschlagenen MOE-Staaten zum 1. Mai 2004 gegeben. Es folgte am Montag nach diesem Gipfel in Kopenhagen ein Treffen der Europäischen Ratspräsidentschaft, die derzeit die Dänen innehatten, mit den Beitrittskadidatenländern. Es waren nicht alle zufrieden. Die Polen beklagten, dass ihre Bauern nur 25 % der bisherigen Direktzahlungen erhalten sollen. Im Jahr 2003 sollen noch diese und andere Schwierigkeiten in Verhandlungen mit den Beitrittskandidaten ausgeräumt werden.

Ein weiterer und sehr wichtiger Punkt, auf den ich am Schluss meiner Ausführungen zurückkommen werde, ist der Europäische Konvent zur Reform der Europäischen Union. Der Verfassungskonvent versucht erstmals, eine völlig neue rechtliche Grundlage für die Europäische Union zu schaffen. Bisher wurden bei Reformen, z.B. durch die die Verträge von Nizza, Amsterdam oder Maastricht, immer nur die vorhandenen Verträge ein stückweit verändert. Der Vorsitzende des Konventes, der ehemalige französische Staatspräsident Valery Giscard d'Estaing, hat vor wenigen Tagen, am 29. Oktober, einen Vorentwurf für die Architektur einer europäischen Verfassung vorgelegt. Dieser Versuch, die Europäische Union auf eine neue rechtliche Grundlage zu stellen, ist eine der spannendsten Entwicklungen in den letzten Jahrzehnten überhaupt. Entgegen manchen Kritikern gehe ich davon aus, dass der Konvent Erfolg haben wird. Der Wille zum Erfolg bei allen Beteiligten wird dafür sorgen, dass ein Papier herauskommt, das dann auch von den Staats- und Regierungschef verabschiedungsfähig ist.

Aus meiner Sicht ist ein Konvent die einzig sinnvolle Möglichkeit, überhaupt noch grundlegende Veränderungen in der Europäischen Union herbeizuführen. Wir haben das in den letzten Jahren immer wieder gemerkt, wie schwierig die Verständigungen zwischen den Staats- und Regierungschefs waren. Eine Gemeinschaft mit inzwischen fünfzehn Mitgliedern funktioniert mit den Mechanismen, die ursprünglich für die Sechser-Gemeinschaft geschaffen wurden, kaum noch. Es wird immer schwieriger einstimmige Beschlüsse herbeizuführen und es wird natürlich auch für die Vertreter der einzelnen Mitgliedsstaaten, insbesondere auch für Regierungschefs, immer schwieriger in ihren Heimatländern zu vermitteln, dass sie auf Einfluss oder Finanzhilfen verzichten. Das Konventsmodell, das bereits bei der EU-Charta Grundrechte erfolgreich war, befreit den Entscheidungsprozess von tagespolitischen Zwängen und erlaubt eine „große" Lösung, deren Verwirklichung hoffentlich von allen als wichtiger angesehen als das Durchsetzen von nationalen Sonderinteressen.

Der Ausschuss der Regionen

Der Ausschuss der Regionen (AdR) ist vorwiegend auf Betreiben der deutschen Länder entstanden. Im Institutionengefüge der EU ist er zwar nicht unwichtig, aber natürlich ist er – gemessen an den Regierungen der Mitgliedsstaaten, der Kommission, dem Europäischen Parlament, dem Ministerrat und dem Europäischen Rat – ein nur vergleichsweise kleines Rädchen im Brüsseler Getriebe. Wie der Wirtschafts- und Sozialausschuss hat er lediglich eine beratende Stimme, er hat nichts zu entscheiden.

Der Ausschusses der Regionen geht zurück auf den Mastrichter Vertrag von 1992 und hat sich im Februar 1994 konstituiert. Vor seiner Einrichtung verliefen die Entscheidungsprozesse etwa wie in Grafik 1 dargestellt:

Die EU legte einen Entwurf für eine Richtlinie oder eine Verordnung (VO) vor, der den Regierungen der Mitgliedsstaaten übersandt wurde. Die Bundesregierung hatte dann nach den Vorschriften des Ratifikationsgesetzes zur Einheitlichen Europäischen Akte den Bundesrat als der Vertretung der Länder an der innerstaatlichen Willensbildung in EU-Angelegenheiten beteiligt. Einwände und Vorschläge der Länder konnten dann von der Bundesregierung in die Verhandlungen auf EU-Ebene eingebracht werden. Die von der EU verabschiedeten Richtlinien mussten von den Mitgliedsstaaten dann in nationales Recht umsetzt werden – die Verordnungen galten unmittelbar – und im deutschen Fall von den Bundesländern als eigene Angelegenheit ausgeführt und finanziert werden.

Für die Länder war dieses Verfahren schon immer in hohem Maße unbefriedigend. Durch Entscheidungen auf der europäischen Ebene wurde in die Länder eingegriffen, ohne dass die Länder – im Unterschied zur Bundespolitik – ein Mitspracherecht hatten. Hier sollte nun der Ausschuss der Regionen als Vertreter der regionalen und lokaler Gebietskörperschaften bei der EU sowie die Neufassung des Art. 23 GG Abhilfe schaffen. Art. 23 GG wurde im Rahmen der Verfassungsdiskussion nach der deutschen Einheit und im Zuge der Ratifikation des Maastrichter Vertrages in Jahren 1992/93 neu ins Grundgesetz aufgenommen. Er regelt die Mitwirkungsmöglichkeiten des Bundesrates als Vertretung der Länder und des Bundestages in Angelegenheiten der EU. Das Mitwirkungsrecht des Bundesrates bindet die Bundesregierung bei EU-Verhandlungen über Materien, die nach dem Grundgesetz in die Kompetenz der Länder fallen, sehr eng an das Votum des Bundesrates. Politisches Druckmittel war die Androhung der Länder, die Ratifikation des Maastrichter Vertrages im Bundesrat, dessen Zustimmung erforderlich war, scheitern zu lassen.

Grafik 1

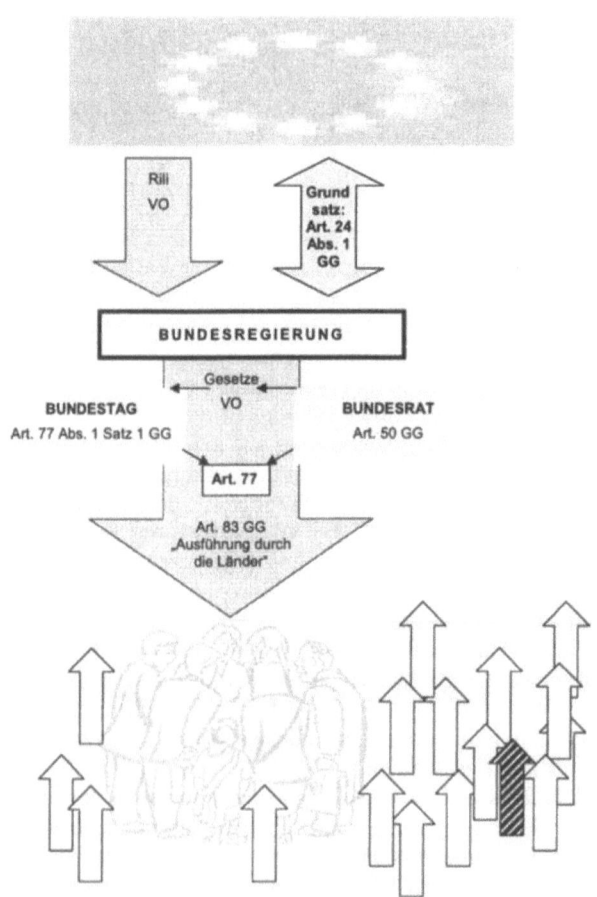

Mit dem Ausschuss der Regionen besitzt die „subnationale" Ebene nun ein Vertretungsorgan regionaler Interessen auf EU-Ebene. Mittels des AdR sollen verlorene Kompetenzen, die in den letzten Jahre an die Bundesregierung oder an die europäische Ebene abgegeben wurden, ein stückweit durch Mitwirkung kompensiert werden. Im Unterschied zum vorherigen Zustand haben die Länder und Regionen nun eine unmittelbare Repräsentation bei der EU, die der blaue Pfeil in Grafik 2 darstellt.

Grafik 2

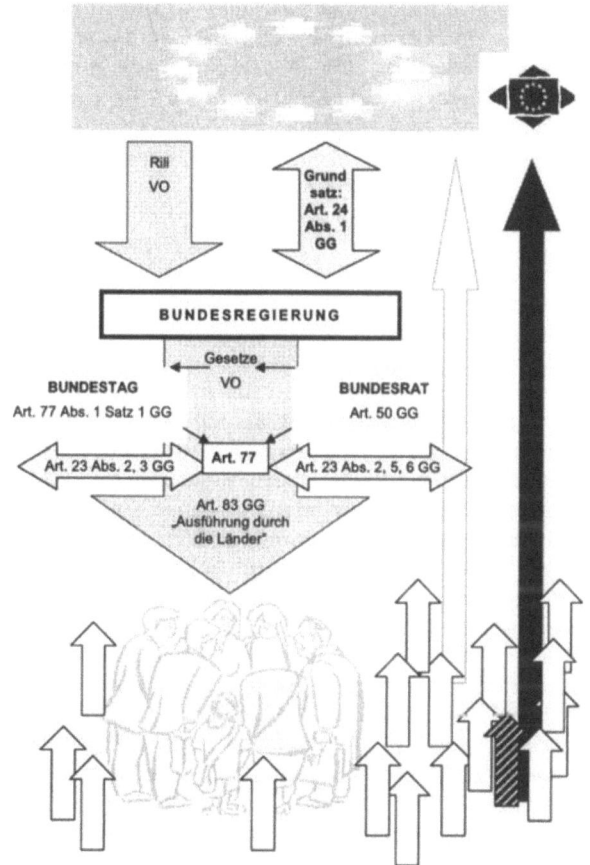

Im Großen und Ganzen haben sich die Länder sowohl bei der Schaffung des AdR als auch bei der Neufassung des Art. 23 GG durchsetzen können. Art. 23 GG regelt die Mitwirkung von Bundestag und Bundesrat bei der Willensbildung in Angelegenheit der EU. Die Bundesregierung hat Bundestag und Bundesrat umfassend und zu einem frühestmöglichen Zeitpunkt zu unterrichten. Bundestag und Bundesrat haben die Möglichkeit zur Stellungnahme. Der Bundesrat, um den es hier geht, verfügt über ein in den einzelnen Absätzen von Art. 23 GG beschriebenes, je nach Bedeutung für die Länder abgestuftes Verfahren. Bei Fragen der ausschließlichen Gesetzgebungskompetenz des Bundes, die in Art. 73 GG geregelt ist, müssen Länderinteressen berücksichtigt werden. Geht es um Gesetzgebungsbefugnisse der Länder, sind deren Interessen „maßgeblich" zu berücksichtigen. Wenn auch der Bundesrat kein formales Veto hat, bindet doch die Begründungspflicht des Bundes bei abweichendem Votum in Brüssel diesen sehr stark an das Votum der Länder. Darüber hinaus kann die Bundesrepublik, wenn es um Angelegenheiten der Landesgesetzgebung geht, im EU-Ministerrat von einem Mitglied des Bundesrates, also einem Mitglied einer Landesregierung, vertreten werden. Das ist – mit Ausnahme von Belgien – einmalig in Europa und gibt den Ländern erhebliche Möglichkeiten der Mitwirkung.

Von dem, was die deutschen Länder europapolitisch durchgesetzt haben, insbesondere den AdR, haben auch die anderen Regionen innerhalb der EU in erheblichem Maße profitiert. Parallel zu diesen Entwicklungen innerhalb der Mitgliedsstaaten förderte die EU-Kommission und der Europäischen Rat Regionalisierungsprozesse in den Mitgliedsstaaten. Das bekannteste Beispiel ist die *devolution* in Großbritannien , wo Schottland und Wales jeweils ein eigenes Parlament bekommen haben. In Italien und Spanien sind ebenfalls, wenn auch in unterschiedlicher Intensität und auch mit unterschiedlichen Kompetenzen, ähnliche Prozesse zu beobachten. Selbst in Frankreich, ein klassischer Zentralstaat, wurden Regionen geschaffen und bildet sich regionales Bewusstsein. In der Bundesrepublik diskutieren wir seit geraumer Zeit über eine Revitalisierung des Föderalismus und der Länder. Das sind Prozesse, die in nahezu allen Mitgliedsstaaten zu beobachten sind. Die EU fördert dies, in dem sie z.B. bei Mittelvergaben das Partnerschaftsprinzip anwendet. Dieses Partnerschaftsprinzip hat zum Ziel, alle gesellschaftlichen Kräfte bei der Planung der Mittelvergabe bis hin zur regionalen Ebene zu beteiligen. Von Gewerkschaften, Umweltverbänden über Arbeitgeber bis zur regionalen und kommunalen Politik soll damit Akzeptanz in der Region geschaffen werden. Dieser Prozess der Regionalisierung ist gegenläufig zu dem Integrationsprozess auf europäischer Ebene, durch den Kompetenzen nach Europa verlagert werden. Die Regionalisierung ist auch ein Versuch der Kompensation. Die Stärkung der Regionen wird auf den nationalstaatlichen Ebenen auch nicht immer gern gesehen. Die spanischen Kollegen z.B. haben große Probleme sich gegen ihren Ministerpräsidenten durchzusetzen.

Vor diesem Hintergrund der Regionalisierung ist die Schaffung des Ausschusses der Regionen zu sehen. Nun kurz etwas zur Zusammensetzung: Der Ausschuss der Regionen hat 222 Mitglieder aus den 15 Mitgliedstaaten, davon 24 deutsche Vertreter. 24 Sitze sind schwierig auf die 16 deutschen Länder zu verteilen. Wir haben pro Bundesland 1 Grundmandat und, weil es auch der Ausschuss der kommunalen und regionalen Gebietskörperschaften ist, haben wir 3 Vertreter der kommunalen Spitzenverbände. Diese sind der deutsche Städtetag, der Städte- und Gemeindebundes sowie der Landkreistag. Die übrigen fünf Sitze rotieren unter den Bundesländern nach Einwohnerstärke. In den ersten 4 Jahren der AdR-Legislatur, es ist immer eine 4jährige Legislatur, haben die fünf einwohnerstärksten Länder einen zweiten Sitz gehabt, in der zweiten Legislatur die nächsten fünf und jetzt in der dritten Legislatur des AdR haben praktisch die 5 kleinsten Bundesländer ein zweites Mandat. Das führt zur kuriosen Tatsache, dass Nordrhein-Westfalen derzeit mit 18 Millionen Einwohnern einen Vertreter hat und Sachsen-Anhalt, Thüringen, Bremen zeitweise zwei hatten oder jetzt noch haben. Sachsen-Anhalt hatte das Glück, in der vergangenen Legislatur von 1998 – 2002 zwei stimmberechtigte Mitglieder, das waren damals Staatssekretär Werner Ballhausen und ich, entsenden zu können. Die Landesregierung hatte schon 1994 ein zweites Mandat bzw. das Stellvertretermandat an den Landtag übertragen. Im Herbst 1997 und wieder 2001 wurde ich vom Landtag für diese Aufgabe gewählt, 2001 trotz der Tatsache, dass das Land nur einen Vertreter im AdR hatte. Dafür gab es verschiedene Gründe. Man kann nicht sagen, dass ein Regierungsmitglied oder ein Parlamentarier besser oder schlechter für die Arbeit im AdR ist. Dies ist ein stückweit auch vom Engagement und von den Interessen der jeweiligen Vertreter abhängig und von der vorhandenen Zeit, die das Mitglied aufbringen kann. In den ersten Jahren waren sehr viele Ministerpräsidenten Mitglied im AdR. Allerdings hat sich gezeigt, dass es angesichts der Terminbelastung für Ministerpräsidenten sehr schwierig ist, regelmäßig an den Sitzungen teilzunehmen. Im Unterschied zum Bundesrat können Mitglieder des AdR nicht durch andere Kabinettmitglieder oder Beamte vertreten werden, sondern nur durch einen bestimmten Vertreter. Diejenigen Ministerpräsidenten, die heute noch Mitglied des AdR sind, Ministerpräsident Erwin Teufel aus Baden-Württemberg und Ministerpräsidentin Heide Simonis aus Schleswig-Holstein, lassen sich fast immer vertreten.

Tatsächlich entspricht der parlamentarische Arbeitsstil des AdR kaum der exekutiven Orientierung von Regierungschefs, Fachministern oder hohen Beamten. Aus diesem Grunde wurde im Vertrag von Nizza herausgestellt, dass die Mitglieder des AdR ein regionales oder kommunales Wahlmandat besitzen oder einer direkt gewählten Versammlung gegenüber verantwortlich sein müssen. Das sind auf Landesebene in Deutschland nur Mitglieder einer Landesregierung oder Landtagsabgeordnete.

Durch den bevorstehenden Beitritt der osteuropäischen Staaten tagen wir seit ca. zwei Jahren häufig mit Vertretern der Beitrittkandidatenländer zusammen. Regelmäßig sind bei den Sitzungen Vertreter aus Osteuropa dabei, die sich an den Diskussionen beteiligen und sich schon mal einstimmen können auf das, was sie dann ab 2004 erwartet. Später werde ich noch etwas über die mögliche zukünftige Entwicklung des AdR sagen.

Nun zu den Aufgaben, dargestellt in Grafik 3: An zentraler Stelle befindet sich, auch aus Sicht als Parlamentarier, das Europäische Parlament mit seinen 626 direkt gewählten Mitgliedern. Es ist unbestritten, dass das europäische Parlament, das in den letzten Jahren mehr Rechte bekommen hat, auch zukünftig mehr Rechte bekommen muss. Daneben haben wir die Kommission, mit zwei deutschen Kommissaren, die unter dem Kommissionspräsidenten Romano Prodi arbeiten. Der Ministerrat ist (noch) das entscheidende Legislativorgan. Er tagt in Form von Fachminsiterräte, wie dem Allgemeinen Rat (Außenminister) oder dem EcoFin-Rat (Wirtschafts- und Finanzminister).

Grafik 3

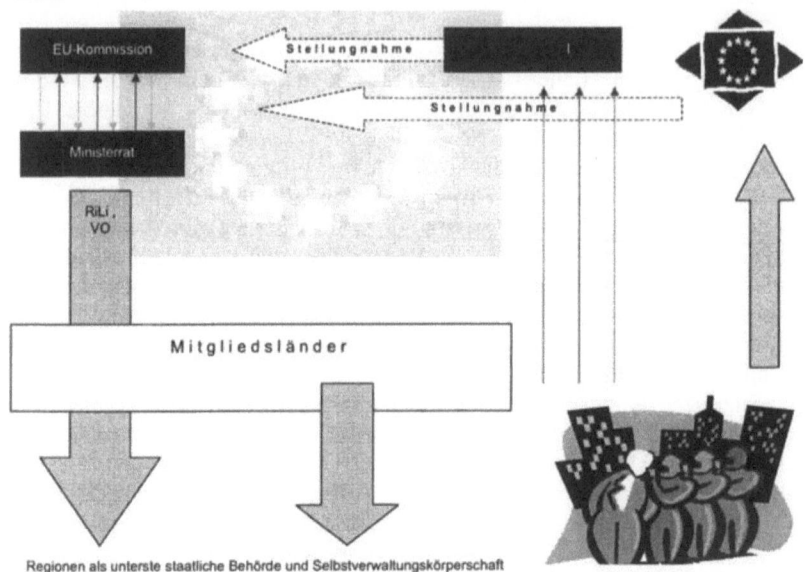

Erwähnt werden muss noch der Wirtschafts- und Sozialausschuss. Er ist mit dem AdR vergleichbar. Allerdings ist er deutlich älter, er wurde schon Ende der 1950-er Jahre gegründet. Er war Vorbild für die äußere Form und Zusammensetzung des AdR, hat auch die gleiche Anzahl von Mitgliedern. Allerdings setzt er sich aus Vertretern von Interessenvereinigungen wie Arbeitgeberverbände, Umweltverbände, Gewerkschaften usw. zusammen. Deutschland hat 24 Sitze und die Vertreter verteilen sich dann auf die entsprechenden Organisationen. Bedauerlich ist, dass bisher niemand einen ostdeutschen Vertreter in den AdR entsandt hat. Es besteht hier die Gefahr, dass ostdeutsche Interessen und Sichtweisen ein stückweit verloren gehen.

Ganz oben rechts steht das Signet für den AdR. Er muss formal nach den Verträgen von Maastricht und Amsterdam bei den Politikfeldern, die die Interessen und Rechte der subnationalen Ebene berühren, von der Kommission gehört werden. Im Maastrichter Vertrag sind die Angelegenheiten aufgelistet, die die lokalen und regionalen Gebietskörperschaften unmittelbar berühren und bei denen die EU-Kommission, der Rat und das Europäische Parlament den AdR anhören muss. Zu diesen Themenkomplexen gehören Fragen der allgemeinen Bildung und Jugend, Kultur, Gesundheitswesen, die transeuropäischen Netze im Verkehrsbereich, der Telekommunikations- und Energiebereich, der wirtschaftlliche und soziale Zusammenhalt, die Beschäftigungspolitik, Sozialpolitik, Umweltpolitik und berufliche Bildung. Darüber hinaus kann er zu Themen, die ihn interessieren, Initiativstellungnahmen abgeben. Der AdR hat sich daher auch zu der Grundrechtecharta und zum Europäischen Konvent geäußert. Allerdings – daran muss erinnert werden – hat der AdR kein Mitbestimmungsrecht. Kommission, Ministerrat oder das Europäische Parlament sind frei in ihrer Entscheidung, ob sie die Stellungnahmen des AdR berücksichtigen oder nicht.

Damit stellt sich die Frage, ob der AdR überhaupt etwas bewegen kann. Wozu ist er da, wenn er nur Stellungnahmen abgibt, die niemanden binden? Ein wichtiger Grund für seine Existenz ist der Umstand, dass er das einzige Gremium ist, dass regelmäßig zu Fragen der Subsidiarität Stellung nimmt. Subsidiarität meint, dass die zu regelnden Dinge auf einer möglichst niedrigen Ebene, nahe am Bürger geregelt werden sollen. Erst wenn die unteren, die lokalen und regionalen Gebietskörperschaften überfordert sind, dürfen höhere Ebenen wie der Nationalstaat oder die EU eine Aufgabe an sich ziehen.

Der Diskussionsprozess und die Meinungsbildung im AdR sind nicht immer einfach. Tatsächlich sind die deutschen Vertreter in einer relativ günstigen Lage, weil sie auf die relativ hohe Sach- und Fachkompetenz der Landesverwaltungen zurückgreifen können. Dem gegenüber sind Vertreter aus kleinen Mitgliedstaaten ohne eine regionale Ebene benachteiligt. Bürgermeister, Gemeinderäte, Vorsteher von Gemeinderäten oder von kleinen Städten, die kaum eine eigene Verwaltung haben fehlt es oftmals an Erfahrung im Umgang mit den Problemen der regionalen und kommunalen Ebenen in den größeren Mitgliedstaaten. Hier zeigt sich zugleich ein anderes Problem: die enorme Heterogenität der subnationalen Ebene in der EU. Im AdR sitzen die Vertreter von großen Regionen, die – wie Nordrhein-Westfalen oder Bayern – größer als mancher Mitgliedstaat sind neben Vertretern kleiner Kreise oder Kommunen anderer Mitgliedstaaten. Entsprechend unterschiedlich sind die Interessen oder die Interpretation von Subsidiarität.

Zur Organisation des AdR: Wir haben ein Präsidium mit einem Präsidenten des AdR, einige Vizepräsidenten. Außerdem gehören zum Präsidium die Vorsitzenden der Fachkommissionen, die Vorsitzenden der nationalen Delegationen und die Fraktionsvorsitzenden. Es geht bei der Besetzung des

Präsidiums nicht in erster Linie nach der Kompetenz, sondern nach nationalem und politischem Proporz.

Die Plenarversammlung des AdR tagt fünf Mal im Jahr und beschließt abschließend Stellungnahmen, die an den Ministerrat, das Parlament und die Kommission weitergeleitet werden. Weil die 222 Mitglieder umfassende Plenarversammlung nicht in der Lage ist, alles inhaltlich zu diskutieren, werden Fachkommissionen gebildet, die in Grafik 5 dargestellt sind.

ECOS steht für Wirtschaft und Soziales, in Anlehnung an die Politikfelder, die dieser Fachkommission übertragen wurden. COTER kommt von *„cohesion territorial"*, also territorialer Zusammenhalt, EDUC ist die Fachkommission, die sich mit Bildung, *„education"*, beschäftigt, bei DEVE geht es um *„development"*, um nachhaltige Entwicklung. RELAX befasst sich mit den Beziehungen zu anderen europäischen Institutionen, aber auch zu den Mitgliedskandidatenländern, und CONST ist die konstitutionelle Kommission, die mit Fragen der Organisation und derzeit insbesondere mit dem Thema Europäischer Konvent zu tun hat. In der letztgenannten Fachkommission werden die z.Zt. wichtigen politischen Themen diskutiert. Deshalb sind dort vor allem die politisch starken AdR-Mitglieder, kaum die „einfachen" vertreten.

Die Fachkommissionen haben ungefähr 70 Mitglieder. Jeder Mitgliedsstaat hat eine entsprechende Anzahl von Sitzen, die dann aber wieder innerhalb der Mitgliedstaaten nach bestimmten Schlüsseln aufgeteilt werden. Hierbei geht es nach Parteienproporz, aber auch regionale Gesichtspunkte spielen eine Rolle.

Ich bin von 1998 bis 2002 und wieder während der laufenden Periode Mitglied der Kommission COTER gewesen. Außerdem war ich von 1998 – 2002 in ECOS, bin jetzt aber, wegen der Bedeutung der Landwirtschaft für Sachsen-Anhalt, in der Fachkommission DEVE vertreten. Meine Schwerpunkte habe ich da nach den Interessen des Landes gelegt, weil in COTER die für Sachsen-Anhalt wichtigen Strukturfonds diskutiert werden und in DEVE die Landwirtschaftsfragen. Die Fachkommissionen tagen auch ungefähr fünf Mal im Jahr.

Ferner gibt es Verwaltungsgruppen, die sich mit technischen Dingen befassen, aber auch Kontaktgruppen, eine mit Polen, eine mit Tschechien, eine mit kleineren Mitgliedsstaaten, um auch die Beitrittskandidatenländer einzubeziehen.

Zwischenfrage: „Wie hoch ist der Frauenanteil im AdR?"

Das ist ein immer wieder heiß diskutiertes Thema. Wir haben lange nicht die Repräsentanz an Frauen, die gewünscht und die notwendig wäre, um die Bevölkerungsanteile widerzuspiegeln. Gerade in den Mittelmeerländern gibt es relativ wenig Frauen in politischen Ämtern. AdR-Mitglieder wie die Bürgermeisterin von Athen oder die Bürgermeisterin von Helsinki sind noch Ausnahmen. Ich habe zwar im Moment keine genauen Zahlen, aber es sind zu wenig.

Zu klären wäre, welche Wirkung dem AdR zugemessen werden kann. Skeptiker verweisen darauf, dass seine Stellungnahmen nur eine beratende Funktion haben und damit nicht wirklich entscheidungsrelevant. Aus meiner Sicht wird man unterscheiden müssen zwischen der Wirkung nach innen und Wirkungen nach außen.

Grafik 4

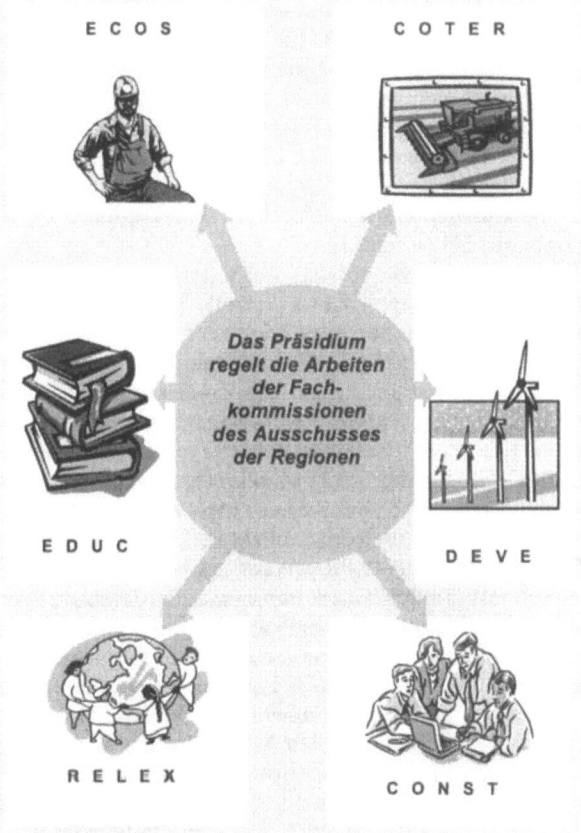

Ich beginne mit den Wirkungen nach innen, mit denen in die Regionen hinein. Es ist unverkennbar, dass durch den AdR die Landesverwaltungen, z.B. die von Sachsen-Anhalt, aber auch die anderer Bundesländer wesentlich stärker in die europäische Diskussionsprozesse eingebunden sind. Sie sind sensibilisiert für die Themen der EU und auch personell besser darauf eingestellt. D.h. also die Mitgliedschaft von Vertretern eines Bundeslandes, die dann zurückgreifen auf die Verwaltung, hat wiederum im Umkehrschluss zur

Folge, dass die Verwaltungen mit diesem Thema mehr vertraut sind. Zweitens können wir die EU-Themen im Land besser und öfter präsentieren. Neben den Europaabgeordneten gibt es in allen Bundesländern noch ein oder zwei Mitglieder des AdR, die zusätzlich das sich erweiternde und vertiefende Europa in den politischen Diskurs in den Ländern einbringen. Gegenüber den Mitgliedern des Europäischen Parlaments, die ca. drei Wochen im Monat in Brüssel oder Straßburg tätig sind, haben die Mitglieder des AdR den Vorteil, dass sie wegen ihre Mandate im Land weit öfter vor Ort präsent sind.

Bei den Außenwirkungen steht die Pflege der interregionalen Kontakte im Vordergrund, die durch die regelmäßigen Begegnungen in Brüssel gefördert werden. Der unmittelbare Kontakt zu den anderen Mitgliedern des AdR erleichtert die Zusammenarbeit bei Förderprogrammen und Projekten, für die wir mindestens zwei weitere Partner benötigen. Beispielsweise haben sich unmittelbare Kontakte zu einer Kollegin aus dem schottischen Parlament als hilfreich für die Entwicklung gemeinsamer Projekte innerhalb des INTERREG-Programm der EU erwiesen.

Dasselbe gilt im Grunde für das Verhältnis zur EU-Kommission. Der AdR hat – wie bereits gesagt – keine formelle Mitentscheidungskompetenz, jedoch sind Kommissionsmitarbeiter oder auch die Kommissare selbst regelmäßig bei den Sitzungen des AdR anwesend. Bei der Reform des Strukturfonds 1998/99 – es ging um die weitere Ausgestaltung zugunsten der Ziel-1-Regionen für die Jahre 2000 bis 2006 – haben sich die Kontakte zwischen dem damaligen Europastaatssekretär Behrend aus Sachsen-Anhalt, der Berichterstatter des AdR für die Strukturfonds war, und der damaligen für Regionalpolitik zuständigen Kommissarin, Monika Wulf-Mathies, als sehr nützlich erwiesen. Der unmittelbare Kontakt half, etliche Probleme zu klären.

Die Stellungnahmen des AdR werden meist im Konsens beschlossen. Zwar werden oftmals durch Formelkompromisse Differenzen überdeckt, aber ein gemeinsamer Standpunkt der Regionen hat gegenüber den anderen Institutionen, insbesondere der Kommission ein höheres Gewicht.

Das Verhältnis zum Europäischen Parlament war anfangs nicht einfach. Ursprünglich sahen die Europaparlamentarier in uns Konkurrenten. Dabei spielte eine Rolle, dass die deutschen Mitglieder des Europaparlaments im Regelfall die Kontakte zur Landespolitik, zu den Landesregierungen und –verwaltungen und zu den Landtagen durch die hohe Präsenzpflicht in Brüssel nicht in derselben Weise pflegen konnten wie die Mitglieder des AdR. Mittlerweile ist es aber so, dass alle verstanden haben, dass wir im Grundsatz die gleichen Interessen vertreten.

Wie geht es nun weiter? Welches sind die Perspektiven des AdR in einem europäischen Verfassungsvertrag? Derzeit sind die Dinge noch relativ offen. Der Präsident des EU-Konventes, Valery Giscard D'Estaing, hat in seinem Verfassungsentwurf den AdR zumindest erwähnt. Dies bedeutet, dass er nach diesem Vorschlag erhalten bleibt und nicht abgeschafft werden soll. Es gibt andere Überlegungen, nach denen eine neue Kammer einzurichten wäre, in der zur Hälfte EU-Parlamentarier und nationale Parlamentarier vertreten wären, die dann die Arbeit des AdR z.T. übernehmen sollten. Es darf nicht verkannt werden, dass verschiedene Interessen gegeneinander stehen. Der Bundestag befürchtet, dass er zwischen den Bundesländern und der europäischen Ebene an Einfluss verliert, weil Kompetenzen nach Brüssel oder auf die Regionen übertragen werden. Wenn der AdR weiter bestehen sollte, dann wird er nach dem Vertrag von Nizza analog zum Wirtschafts- und Sozialausschuss 344 Mitglieder zählen. Das wären 122 mehr als heute, die ausschließlich zugunsten der Beitrittskandidatenländer aufgeteilt werden. Deutschland behielte 24 Sitze, wird dadurch aber relativ an Gewicht verlieren.

Der Bundesrat hat beschlossen, dass der AdR gestärkt werden soll. Er soll den „Organstatus" erhalten. Konkret: der AdR soll eine echte Kammer mit einem Mitentscheidungsrecht und dem Klagerecht beim EuGH. Dieses ist eine Verhandlungsposition, wie das Ergebnis nachher aussehen wird, bleibt abzuwarten. Ich kann mir aber kaum vorstellen, dass an dieser Frage der Konvent scheitern wird. Ich erwarte aber, dass die Stellung der Regionen innerhalb der EU durch einen Verfassungsvertrag in welcher Form auch immer gestärkt werden wird.

*Jürgen Meyer**

Der Brüssler Konvent und die zukünftige Verfassung der Europäischen Union – Zur Rolle der Regionen in Europa und weiteren Schwerpunkten der Konventsarbeit.

Die Erarbeitung einer europäischen Verfassung ist ein Werk, das am 28. Februar 2002 begonnen wurde. An diesem Tag hat sich der Verfassungskonvent konstituiert. Er besteht aus 105 Delegierten aus 28 Ländern. Jedes der fünfzehn Mitgliedsländer der Europäischen Union stellt drei Delegierte. Für Deutschland sind es zwei Parlamentsvertreter und ein Regierungsvertreter. Wichtig ist nun, dass zu den fünfzehn mal zwei Parlamentsvertretern aus den Mitgliedsstaaten noch einmal dreizehn mal zwei Parlamentsvertreter aus den Kandidatenländern hinzukommen. Die Kandidatenländer sind, obwohl es in den Empfehlungen von Laeken eine kleine Einschränkung gibt, voll berechtigt an der Erarbeitung der Verfassung beteiligt. Das kann auch schlecht anders sein, man kann ja nicht den Parlamentariern aus Polen, Ungarn, den baltischen Staaten usw. sagen: „Ihr kommt ein bisschen zu spät, die Verfassung ist nun leider schon fertig und gilt auch für Euch". Das wäre wenig demokratisch. Die dreizehn Kandidatenländer entsenden ebenfalls je zwei Parlamentarier und je einen Regierungsvertreter. Das sind insgesamt 56 nationale Parlamentsvertreter, und dazu kommen die sechzehn Europaabgeordneten, die ebenfalls dem Konvent angehören, d h. es sind genau 72 der 105 Delegierten Parlamentarier. Das ist eine kleine Revolution für Europa. Bisher wurde Europapolitik, wenn es um Weichenstellungen ging, mit der Konferenzmethode gestaltet, das hieß, dass hochrangige Bürokraten hinter verschlossenen Türen Dokumente vorbereiteten, wie den Maastricht-Vertrag, den Amsterdamer Vertrag oder den Vertrag von Nizza. Wenn man sich diese Verträge anschaut, dann stellt man fest, dies können nur Dokumente sein, die von hochqualifizierten Menschen hinter verschlossenen Türen erarbeitet worden sind, aber nicht von Personen, die tagtäglich gezwungen sind, sich ganz normalen Sterblichen verständlich zu machen, wie das für Parlamentarier, die auch wieder gewählt werden wollen, der Fall ist. Das heißt, die Sprache – und das ist ein wichtiger Punkt – der bisherigen europäischen Verträge ist für normale Menschen häufig unverständlich. Lesen Sie ganz einfach mal irgend einen Artikel des Vertrages von Nizza neben einem Artikel der

---

* Gehalten am 18. November 2002.

Grundrechte-Charta. Dann werden Sie feststellen, die Grundrechte-Charta verstehen Sie sofort, und die anderen europäischen Verträge verstehen Sie nur schwer. Das hat etwas mit der Ferne der Menschen von Europa, der Ferne von Brüssel zu tun. Man klagt oft darüber, dass Europapolitik etwas ist, was im fernen Brüssel geschieht; meine These ist, dass dieses auch mit der Sprache zusammenhängt. Die 72 Parlamentarier haben also nicht zuletzt die Aufgabe, Europa näher zu den Menschen zu bringen. Dazu kommen nun 28 Regierungsvertreter und die sind Ursache dafür, dass ich gerne von der „List der Konventsidee" spreche.

Wir erarbeiten also in Brüssel die künftige Verfassung der Europäischen Union, und die Regierungsvertreter müssen sich dem Dialog im Konvent aussetzen. Wenn nun jetzt der Bundesaußenminister Joschka Fischer als Vertreter des Bundeskanzlers (vorher war es Prof. Peter Glotz) in die Debatte eingebunden wird und am Ende ein Konsens zustande kommt, dann können die Regierungschefs, wenn sie sich zur Regierungskonferenz treffen, nicht sagen: „Wir lehnen das ab". Das ist die List der Konventsidee. Ich bin überzeugt, dass es bei dem Verfassungstext, den wir erarbeiten werden, ähnlich gehen wird, wie bei der Grundrechte-Charta, die der erste Konvent erarbeitet hat. Die Regierungschefs werden nichts ändern. Das wäre auch politisch schwierig, weil die Parlamente, von denen sie ja getragen werden, und ihre eigenen Vertreter, wenn es zum Konsens kommt, hinter dem Dokument stehen. Das ist die Konventsmethode, die wegen der deutlichen Mehrheit von Parlamentariern auch ein Stück „Mehr-Demokratie-wagen" bedeutet. Es bedeutet, Europa etwas verständlicher zu machen und näher zu den Menschen zu bringen. Und deshalb gehört zur Konventsmethode auch, dass jeder Delegierte bereit sein soll, öffentliche Diskussionen zu führen. Deshalb bin ich auch gern hergekommen.

Die Sitzungen des Konvents sind öffentlich. Jede Initiative im Konvent wird über das Internet verbreitet, und ich habe in mehreren sogenannten Chat-Rooms über das Internet versucht, Fragen zu beantworten und Interesse zu wecken. Aber das ist nicht das Einzige, was den Konvent in dieser Hinsicht charakterisiert. Es gibt einen Unterschied zum Grundrechte-Konvent: das Forum der Zivilgesellschaft. Dieses Forum der Zivilgesellschaft, in dem Sprecher der Gewerkschaften, der Hochschulen, der Kirchen, von Amnesty International usw. zusammenkommen, hat nach Vorbereitung durch viele Arbeitskreise den Delegierten gesagt, wie die neue Verfassung aussehen sollte. Und ich hoffe, dass alle Delegierten sehr genau zugehört haben. Denn schon im ersten Konvent hat sich gezeigt, dass oft ganz wichtige Anregungen von Einzelpersonen kommen. Jeder Delegierte ist auch erreichbar z.B. über das Internet. Ich fühle mich verpflichtet, Anregungen danach aufzunehmen und zu schauen, ob sie in das Gefüge der Verfassung passen. Genauso wichtig wie dieses Forum der Zivilgesellschaft – das betone ich, weil hier auch sehr viele junge Menschen sind – ist das Jugendforum. Jeder Delegierte hatte das Recht, einen Jugendlichen oder eine Jugendliche im Alter zwischen 18 und 25 auszuwählen, dasselbe galt für die Ersatzdelegierten. Sie wählten 105 Jugendliche aus, und dieser Jugendkonvent ist in Brüssel zusammengekommen. Es war für mich nicht nur spannend und informativ, sondern es hat mich auch motiviert, an dieser Verfassung weiter mit vollem Einsatz zu arbeiten. Ich habe gemerkt, dass es viele junge Menschen gibt, die erkannt haben, worum es geht. Sie haben Sachverstand, und sie haben Europabegeisterung. Ich behaupte, begeistern kann man andere nur, wenn man selber begeistert ist. Ich habe gespürt, wie da ein Funke übersprang. Ich hoffe, dass die Jugendlichen, die im Jugendkonvent in Brüssel zusammengekommen sind, auch in ihrer Umgebung diese Diskussion fortsetzen werden.

Wir befinden uns in einer spannenden Phase zwischen Währungsunion und Erweiterung. Die Währungsunion, die nun zunächst für zwölf der fünfzehn Mitgliedsstaaten eine gemeinsame Währung gebracht hat, führt natürlich zu Anschlussfragen. Z.B. wie soll dieser große Währungsraum künftig in der Welt vertreten werden, wer spricht für diesen Währungsraum, wie soll gerade auch nach der Währungsunion die gemeinsame Wirtschaftspolitik aussehen? Es geht um „economic government", das auch den Konvent in einer Arbeitsgruppe beschäftigt hat, die allerdings noch wenige Ergebnisse hervorgebracht hat. Das ist die eine Beziehung zu unserem Thema Verfassung, die andere, noch viel intensivere, ist die zur Erweiterung. Alle Politiker in Deutschland sprechen sich für die Erweiterung der Europäischen Union aus. Wenn statt fünfzehn Mitgliedsstaaten im Jahr 2004 zehn weitere Staaten (Bulgarien, Rumänien und mit großem Abstand die Türkei sind zunächst mal weiter Kandidatenländer) sich zur Europäischen Union nicht nur bekennen, sondern an der Europawahl teilnehmen, dann stellt sich die Frage, wie dieses größere Europa handlungsfähig sein kann. Schon jetzt gibt es eine Fülle von Entscheidungen, die nur einstimmig getroffen werden können. Wie soll das dann bei 25 Mitgliedsstaaten sein? Die Frage der Handlungsfähigkeit stellt sich nicht nur wegen der Größe, sondern auch wegen der schwierigen Position in einem Land zur Europäischen Union. Wenn z.B. in Malta ein Regierungswechsel zu einer Regierung führt, die generell europaskeptisch ist, dann kann es doch nicht sein, dass diese eine Regierung jeden Beschluss und jede Gesetzgebung auf der Ebene der Europäischen Union verhindert, weil man Einstimmigkeit braucht. Einstimmigkeit ist auch ein ganz erhebliches Erpressungspotential, wie man z.B. bei der Agenda 2000 in Berlin vor etwas mehr als zwei Jahren erleben konnte. Dort haben einzelne Länder argumentiert, wenn sie nicht mehr Strukturgelder bekämen, dann stimmten sie der künftigen Landwirtschaftspolitik nicht zu. Ein Regierungschef hieß deshalb das „Gipfelgespenst" von Berlin – aber ich werde nicht sagen, wer das war, weil er immer noch im Amt ist. Einstimmigkeit ist damit eine (abgesehen von der Behinderung von Handlungsfähigkeit) ganz gefährliche Methode, die eine sachgerechte Politik verhindern kann. Deshalb brauchen wir, bevor die Erweiterung in Kraft tritt, eine neue Methode der Entscheidungsfindung im Rahmen von Mehrheitsentscheidungen, die grundsätzlich Methode werden sollte. Der Verfassungskonvent kommt geradezu in letzter Minute, fünf vor zwölf, vor der Erweiterung. Die gemeinsame Verfassung muss gemeinsam mit den künftigen Mitgliedstaaten erarbeitet werden.

Nach diesen Bemerkungen zur Konventsmethode und zu dem Zusammenhang mit anderen Grundentscheidungen der Europapolitik werde ich vier Politikbereiche erläutern, die Ihnen deutlich machen können, was wir im Konvent tun, wo wir schon den künftigen Inhalt der europäischen Verfassung im Wesentlichen vereinbart haben und wo noch ganz erheblicher Diskussionsbedarf besteht. Bei dem zweiten Politikbereich werde ich – wie im Thema angekündigt – noch zwei Bemerkungen zur künftigen Rolle der Regionen machen.

Der erste Teil der künftigen Verfassung der EU wird die Grundrechte-Charta sein, also die Charta, die aus 54 Artikeln besteht und die sie hoffentlich alle gut kennen. Wenn nicht, empfehle ich Ihnen sehr, es so zu machen wie ich, ich habe sie immer bei mir und bin der Auffassung, dass dies der wichtigste Teil der Verfassung sein wird. Warum? Die Grundrechte-Charta macht deutlich, dass die Europäische Union nicht nur eine Wirtschaftsgemeinschaft und eine Währungsgemeinschaft ist, sondern auch eine Wertegemeinschaft. Ohne die Gründung auf Werte ist die wachsende Macht in Brüssel nach meiner Überzeugung nicht legitimiert. Macht ist dadurch zu legitimieren, dass sie sich auf Werte gründet und durch Werte begrenzt wird. Wir haben in diesem ersten Konvent, der unter dem Vorsitz von Bundespräsident a.D. Roman Herzog mit 62 Delegierten aus fünfzehn Ländern tagte, nach langen schwierigen Diskussionen eine solche Werteordnung formuliert, die es wert ist, Teil 1 der künftigen Verfassung zu werden. Ich will Ihnen nur zwei Gründe nennen. Der erste Grund ist – und das kommt Ihnen gleich allen bekannt vor –, dass als Artikel 1 ein sogenanntes Muttergrundrecht, wie es in der deutschen Verfassungsdogmatik heißt, nämlich die Unverletzlichkeit der Menschenwürde statuiert ist. Die Unverletzlichkeit der Menschenwürde ist nicht nur der erste Artikel, sondern auch der Artikel, von dem her viele künftige Streitfragen bei der Anwendung der Verfassung auch auf sich verändernde Verhältnisse zu entscheiden sein werden. Z.B. im Bereich der Bioethik. In der Grundrechte-Charta wurde festgelegt, dass das reproduktive Klonen von Menschen verboten ist. Wozu wir nichts gesagt haben, war das therapeutische Klonen von Menschen. Nun meinen manche, das sei demnach erlaubt. Das wäre der juristische Gegenschluss: Was nicht verboten ist, ist erlaubt. Das ist aber falsch. Denn die künftigen gesetzlichen Regelungen zum therapeutischen Klonen von Menschen müssen auf der Grundlage des Artikels 1 also der Unverletzlichkeit der Menschenwürde entwickelt werden. Das ist eine Diskussion, die noch geführt werden muss. Aber dass dieses die Grundlage ist und nicht mit einem simplen juristischen Schluss – wenn nicht verboten, dann erlaubt – das Thema abgehandelt werden kann, ist meines Erachtens unbestreitbar. Ich werde dies auch in einem Kommentar zur Grundrechte-Charta, der Anfang 2003 erscheinen wird, deutlich machen.

Dieser Artikel 1 ist ein wichtiger Grund, sich für die Grundrechte-Charta zumindest zu interessieren.

Der zweite Grund lautet: das ist etwas Neues. Ihnen sind aus Verfassungen wahrscheinlich Grundwerte und Rechtsgrundsätze wie etwa Demokratie und Rechtsstaatlichkeit und die Geltung von Menschenrechten vertraut, so steht es auch bisher z.b. in Artikel 6 des EU-Vertrages. Neu ist aber, dass diese Werteordnung geprägt ist vom Grundwert der Solidarität, also der Verpflichtung des Stärkeren, dem Schwächeren zu helfen. Solidarität ist gleichrangig neben Demokratie und Rechtsstaatlichkeit in der Präambel als Grundwert aufgeführt. Im Kapitel 4 der Grundrechte-Charta finden sich zwölf soziale Grundrechte, die gruppiert sind um das Grundrecht auf Arbeit, Bildung, Gesundheit und soziale Sicherheit. Dies ist etwas Neues, das aus langen Debatten entstanden ist, und es findet inzwischen Interesse weit über Europa hinaus. Wenn ich über die Arbeit an unserer Verfassung berichte, dann fragt man auch außerhalb Europas also z.b. in Südkorea, inzwischen auch in Indonesien, wo man sich auch für eine Verfassung mit Grundrechten interessiert: Was habt ihr da in Europa gemacht? Dann stellt man fest: Eine solche Werteordnung, die als zentralen Grundwert Solidarität nicht nur in eine Präambel schreibt, sondern auch noch in zwölf sozialen Grundrechten ausformuliert, ist etwas Neues. Ich behaupte, es ist nicht das Schlechteste, wenn wir Deutschen außer Autos auch gelegentlich so etwas wie eine Werteordnung exportieren, eine Werteordnung, die sich klar unterscheidet von den Werteordnungen anderer Rechtskreise. Ich nenne z.B. den amerikanischen Rechtskreis. Zum Recht auf Arbeit, um nur ein Beispiel zu geben, gehört selbstverständlich der Kündigungsschutz, d h., wir haben für Europa (das gilt für alle Länder der Europäischen Union) das Grundrecht statuiert, dass ohne rechtmäßigen Grund, also willkürlich, Niemandem gekündigt werden darf. Das entspricht dem europäischen Wertemodell und gehört in die Verfassung als Teil 1. Eine Verfassung, die nicht eine solche Verbürgung von Grundrechten hat und an den Anfang stellt, verdient nach meiner Auffassung nicht den Namen Verfassung. Im Übrigen ist der Begriff „Grundrechte" der Oberbegriff für Menschenrechte, von denen ich jetzt schon einige nannte, und Bürgerrechte. Zu den Bürgerrechten gehört beispielsweise das Wahlrecht, gehört aber auch das Petitionsrecht, gehört das Recht auf konsularischen Schutz, gehört das Recht, einen Bürgerbeauftragten auf der Ebene der EU anzurufen, um nur ein paar Beispiele zu nennen. Der Grundrechtskatalog als Teil 1 der Verfassung bedeutet eine Gewährleistung von Menschenrechten und Bürgerrechten. Dass inzwischen nahezu gesichert ist, dass die Grundrechte-Charta Teil der Verfassung wird, ist das Ergebnis der Arbeit seit Februar 2002 und insbesondere der heftigen Diskussionen vor allen Dingen mit den britischen Kollegen. Diese hatten erhebliche Vorbehalte, nicht zuletzt deshalb, weil sie eine europäische Verfassung vor dem Hintergrund der „Bill of Rights", die in Großbritannien keine Verfassung in schriftlicher Form darstellt, nicht mit großer Sympathie begrüßen. Sie meinten wie schon im 1.

Konvent: „Lasst uns das doch erstmal in Großbritannien machen". Unsere Antwort war: „Sollen wir dann noch ein paar 100 Jahre warten?". Ich bin sehr froh, dass die britischen Delegierten inzwischen erkannt haben, dass die Grundrechte-Charta am besten Teil 1 der Verfassung wird. Auch deshalb, weil sie längst gilt, obwohl sie in Nizza nur feierlich verkündigt worden ist. Sie gilt zum einen durch die Rechtsprechung des Europäischen Gerichtshofes, der die Grundrechte-Charta vor allem als Gericht erster Instanz immer wieder anwendet, zum anderen aber, wenn es um den Beitritt neuer Staaten, neuer Mitgliedsländer geht. Selbstverständlich muss ein Land, das Mitgliedsland werden will, die Werteordnung der Europäischen Union nicht nur auf dem Papier anerkennen, sondern auch in der Rechtswirklichkeit. Ich denke hier beispielsweise an die Türkei: Wenn ich mit den drei Delegierten aus der Türkei diskutiere, sage ich, dazu gehört nicht nur die Abschaffung der Todesstrafe, der Minderheitenschutz, das Völkerrecht, sondern dazu gehören auch Selbstverständlichkeiten wie die Rundfunk- und Pressefreiheit. Es müssen noch ganz erhebliche Veränderungen stattfinden, wenn sich ein Land wie die Türkei der Europäischen Union nähern will. Ich halte aus diesem Grund die aktuelle Debatte über den Beitritt der Türkei für völlig unzeitgemäß. Der Kandidatenstatus der Türkei führt aber dazu, dass man sich dort jedenfalls schrittweise in Richtung der Werteordnung, die in der Grundrechte-Charta zum Ausdruck kommt, nähert. Wenn man sagen würde – und das hat der Präsident des Verfassungskonvents, wie ich finde, auf ungeschickte Art getan –, der Beitritt der Türkei wäre das Ende der Europäischen Union, dann würde man diese erfreuliche Entwicklung einfach beenden. Das darf auf keinen Fall sein! Was dann am Ende geschieht, ist eine Frage, über die wir kürzlich mit dem Bundesaußenminister Joschka Fischer im Europaausschuss lange diskutiert haben. Er hat, wie ich finde zutreffend, die Frage gestellt, ob die Türkei nach vielen Jahren, wenn sie sich der Europäischen Union mehr und mehr angenähert hat, dann den Souveränitätsverlust, der mit dem Beitritt in manchen Bereichen verbunden ist, auch akzeptiert. Das ist eine ganz andere Frage, und das zu diskutieren, ist spekulativ und führt heute überhaupt nicht weiter. Insofern ist es eine gute Nachricht, dass sich der Konvent in den vergangenen acht Monaten auf eine rechtsverbindliche Grundrechte-Charta als Teil der Verfassung geeinigt hat.

Ebenso erfreulich ist – und das werde ich jetzt im Zusammenhang mit dem Thema Regionen behandeln –, dass es auch schon eine weitgehende Einigung gibt über die künftige Verteilung der Kompetenzen. Das ist ja ein deutsches Lieblingsthema, und manche Delegierte zuckten zusammen, wenn mal wieder ein Deutscher, vielleicht aus dem Bundesrat sagte: „Wir brauchen einen Kompetenzkatalog." In diesem Kompetenzkatalog muss nicht nur stehen, was ausschließliche Kompetenz der Europäischen Union ist, was gemeinsame Kompetenzen sind und was drittens ergänzende Kompetenzen sind, z.B. im Bereich der Kulturförderung, etwa Erasmus-Programme, sondern da muss nach Auffassung des Bundesrates auch stehen, was die Europäische Union gar nichts angeht, ein Negativkatalog oder vornehmer formuliert „Residualkompetenzen der Mitgliedsländer". Wenn man sich diesen Vorschlag genauer anguckt, dann stellt man fest, dass er in keinem einzigen Punkt politisch und schon gar nicht europarechtlich und aus der Sicht des deutschen Verfassungsrechts zu rechtfertigen war. Ich nenne Ihnen ein Beispiel: Ein Vorschlag für eine Negativkompetenz der Europäischen Union war das Rundfunkwesen. Dieses gilt als Teil der Kulturhoheit der Länder in Deutschland, die wohl die Europäische Union nichts angeht. Wenn man aber genauer nachdenkt, kommt man zu der Überlegung, dass es möglich ist, dass in einem Mitgliedsland ein Mensch sich in den Besitz aller Rundfunkanstalten bringt. Vielleicht ist es sogar der Ministerpräsident. Das hat ja wohl mit Rundfunk- und Pressefreiheit und der durch die Grundrechte-Charta garantierten Pluralität der Medien nichts zu tun. Nicht nur das Bundesverfassungsgericht in Karlsruhe, sondern auch andere oberste Gerichte haben festgehalten, dass Rundfunk- und Pressefreiheit ein Lebenselement der Demokratie sind. Da kann niemand im Ernst sagen, Demokratie geht die Europäische Union nichts an. Das wäre ja ein Widerspruch an sich. Deshalb hat man im Nizza-Vertrag festgelegt, dass es bei Gefährdung solcher Grundwerte ein Beobachtungsverfahren gibt, das am Ende in Sanktionen enden kann. Das sind die neuen Artikel 6 und 7 des EU-Vertrages. Wenn das so ist, dann kann es keine Negativkompetenz der EU im Medienrecht geben. Das ließe sich in allen Bereichen so fortsetzen. Der Vertreter des Bundesrates sagte, die Kulturhoheit im Übrigen sei doch eine Negativkompetenz. Im Hinterkopf hat er selbstverständlich die richtige Feststellung, dass es bei uns eine Kulturhoheit der Länder gibt. Dagegen stehen jedoch die Artikel 149 und 150 des EG-Vertrages, die im Bereich etwa der beruflichen Bildung eine ergänzende Kompetenz für entsprechende Programme der EU festlegen. Und auf die Frage, ob es dann z.B. das Erasmus-Programm nicht mehr gebe, war die ehrliche Antwort: Nein, das gibt es nicht mehr. Dabei konnte man von den Gesichtern der anderen Delegierten schon die Antwort ablesen: „Wofür wollen die Deutschen jetzt schon wieder kein Geld geben?". Das betraf natürlich gerade auch die Delegierten aus den Kandidatenländern. Es war also nicht nur hoch ungeschickt, sondern ohne jede Durchsetzungschance, solche Negativkompetenzen festlegen zu wollen.

Das bedeutet, wir werden in der künftigen Verfassung, was die Kompetenzverteilung angeht, einen dreifachen Lösungsansatz haben. Der erste Lösungsansatz ist eine Kompetenzordnung, die das bisher Geltende in verständlicher Sprache zusammenfasst und in manchen Bereichen zusätzliche Kompetenzen vorsieht, z.B. im Bereich der gemeinsamen Innen- und Justizpolitik. Dazu gleich noch ein paar Bemerkungen. Dann wird eine Weiterentwicklung des Artikels 308 im EG-Vertrag stehen. Da steht bisher drin, dass durch einstimmigen Beschluss des Rates, also der Regierungen der Mitgliedstaaten, neue Kompetenzen auf die EU übertragen werden können. Da wird es eine Weiterentwicklung in dem Sinne geben, dass zum einen daran selbstverständlich das Europäische Parlament beteiligt werden wird und zum anderen sollte auch eine Rückübertragung von Kompetenzen von der Ebene der EU auf die Mitgliedstaaten möglich sein. Im Übrigen kommt nichts sensationell Neues. Es wird eine Kompetenzordnung als ersten Lösungsansatz geben.

Der zweite Lösungsansatz ist das sogenannte Frühwarnsystem. Was heißt das? Die nationalen Parlamente, also der Bundestag in Deutschland und der Bundesrat (übrigens auch der Ausschuss der Regionen, und hier komme ich erstmals auf den Aspekt der Regionen) werden informiert über jedes Gesetzgebungsvorhaben der Kommission. Diese übt bekanntlich das Initiativrecht bei allen Gesetzgebungsvorhaben der Europäischen Union aus. Die Parlamente, einschließlich des Ausschusses der Regionen, können dann innerhalb einer bestimmten Frist – wir schlagen vor: sechs Wochen – Bedenken geltend machen unter dem Aspekt der Subsidiarität. Sie können also sagen, diese Materie, die können wir in unserem Land oder in unseren Regionen ausreichend regeln. Das sollte demnach nicht von Brüssel gemacht werden. Wenn diesen Bedenken nicht Rechnung getragen wird – da ist keine Mitentscheidung der nationalen Parlamente vorgesehen –, entsteht daraus ein Klagerecht zum Europäischen Gerichtshof in Luxemburg. Dasselbe ist dann noch einmal vorgesehen für das Ende des Gesetzgebungsverfahrens bezüglich derjenigen Projekte, die besonders strittig sind und deshalb schon nach geltender Praxis im Vermittlungsausschuss landen. Das sind etwa zwanzig Prozent aller Gesetzgebungsvorhaben. Auch hier sollte den nationalen Parlamenten und dem Ausschuss der Regionen mitgeteilt werden, worüber gestritten wird, welche Lösungsansätze vorgesehen sind. Sie können dann binnen sechs Wochen – solange darf das oder soll das Vermittlungsverfahren nämlich nur dauern – ihre Bedenken geltend machen. Werden sie nicht berücksichtigt, dann entsteht daraus wiederum ein Klagerecht.

Der dritte Lösungsansatz wäre, die Kompetenzkontrolle zu verbessern, nämlich durch Einschaltung des Europäischen Gerichtshofes. Man sollte aber nicht meinen, dass jetzt Europa zum Amtsgericht würde und über alle möglichen Dinge vor Gericht gestritten würde. Denn das Subsidiaritätsprinzip ist ein in erster Linie politisches Prinzip. Die Frage nämlich, ob etwas ausreichend auf der Ebene der Mitgliedstaaten gelöst werden kann oder nur auf der höheren Ebene, ob es also den berühmten europäischen Mehrwert gibt, ist Gegenstand einer politischen Bewertung. Nur dann, wenn diese politische Bewertung offensichtlich unvertretbar ist, kann das Gericht sagen, hier ist das Subsidiaritätsprinzip und zwar das juristische Subsidiaritätsprinzip verletzt. Nur dann würde wegen Verletzung des Subsidiaritätsprinzips das betreffende Gesetz nichtig sein. Z.Zt. wird bei weniger als fünf Prozent der Gesetze über Subsidiarität überhaupt gestritten und nach meiner Erwartung wird weit weniger als ein Prozent der Gesetzgebungsvorhaben dann zu einem Streit vor dem EuGH mit eventueller Aufhebung als nichtig führen. Nun kann man sich fragen, was das Ganze soll. Zum einen ist es eine vertrauensbildende Maßnahme. Die nationalen Parlamente, vor allem viele Bundestagsabgeordneten, aber auch die Landesregierungen reden immer wieder über Kompetenzverletzungen aus Brüssel. Manchmal handelt es sich dabei sogar um Vorschriften, um die Brüssel gebeten wurde, z.b. bei der FFH-Richtlinie, deren Regelung die Länder selbst nicht zustande bekommen haben und die sie dann von Brüssel verlangt haben, als sie gemerkt haben, dass die Leute mit zu vielen Ausweisungen von Naturschutzgebieten nicht einverstanden sind. Das wird so künftig nicht mehr vonstatten gehen. Denn wenn die nationalen Parlamente, also bei uns der Bundestag und der Bundesrat neben dem Ausschuss der Regionen, das Recht haben, Beanstandungen vorzubringen, anschließend auch zu klagen, dann können sie nicht sagen, Brüssel ist schuld. Aber wichtiger ist, dass die nationalen Abgeordneten, also die Bundestagsabgeordneten und auch die Landtagsabgeordneten, zu denen ich gleich noch was sagen will, einbezogen sind in diese Gesetzgebung und sie dann auch in ihren Wahlkreisen vertreten können. Sie sind den Menschen ja näher als die 99 deutschen Europaabgeordneten. Das soll ein Bündnis der Abgeordneten werden. Zur Entscheidung der Subsidiaritätsprobleme gibt es kein neues Gremium, wie zeitweise gefordert. Es gibt keine Verzögerung der Gesetzgebungsverfahren, es gibt keine Vermischung der Entscheidungsebenen. Die Entscheidungen über Gesetzgebung fallen auf europäischer Ebene.

Was wird nun aus den Regionen? Das Klagerecht der Regionen, in der Gestalt des Ausschusses der Regionen habe ich erwähnt. Es gibt aber sehr viel weiterreichende Erwartungen an den Konvent, nämlich dass er die Regionen stärken könnte, also z.B. die Regionen mit Gesetzgebungsbefugnissen ausstatten könnte. Vor dieser Erwartung kann ich nur warnen. Warum? Im Konvent in Brüssel können wir nur Vorschläge erarbeiten, die beantworten sollen, was untersteht der Kompetenz der Europäischen Union einerseits und was der Kompetenz der Mitgliedstaaten andererseits. Wie die Kompetenzen innerhalb der Mitgliedstaaten z.B. in Deutschland verteilt werden, ob sie dann beim Bund oder bei den Ländern, Städten oder Gemeinden liegen, ist zwar außerordentlich wichtig, geht aber den Konvent nichts an. Er würde geradezu das Subsidiaritätsprinzip verletzen, wenn er sagen würde, wie innerhalb Deutschlands die Kompetenzen verteilt werden sollten. Das wäre unter der Flagge des Subsidiaritätsprinzips eine Verletzung genau dieses Prinzips. Es gibt Erwartungen, die ich auch z.B. von der Konferenz der Landtagspräsidenten gehört habe, die einfach verkennen, was Aufgabe des Konvents ist. Meine Überzeugung ist, wir brauchen in Deutschland eine Föderalismusdebatte. Wir müssen uns darüber unterhalten, was künftig Aufgabe der Landesregierungen, vor allem aber auch für die Landesparlamente sein soll. Ich war selbst ein paar Jahre Landtagsabgeordneter und weiß, die Aufgaben der Landtage sind in den vergangenen Jahrzehnten ständig reduziert worden. Unter anderem deshalb, weil konkurrierende Gesetzgebung vom Bund ausgeübt wurde, so dass die geregelte Materie nicht mehr Sache der Länder ist. Über dieses Instrument der konkurrierenden Gesetzgebung ist den Ländern eine Kompetenz nach der anderen genommen wurden. Aber das muss in

Deutschland geklärt werden. Wir brauchen die Föderalismusdebatte. Das können wir nicht nach Brüssel hochreichen nach Art der von mir eben erwähnten Richtlinie. Das müssen wir selber machen. Natürlich habe ich meine Vorstellung zu dem Thema. Vom Konvent aus darf ich dazu keinerlei Festlegung betreiben.

Nun noch eine Bemerkung zu den Landtagen. Diese Bemerkung schließt den Bundestag zunächst mit ein. Die Hauptaktionsmöglichkeit für unsere Parlamente besteht in der Einflussnahme auf die Regierungen, also die Bundesregierungen und die Landesregierungen, wenn sie auf europäischer Ebene handeln. Der Bundestag und der Bundesrat übrigens auch haben den Artikel 23 GG erkämpft. Da steht drin, Empfehlungen des Bundestages müssen von der Bundesregierung, wenn sie auf europäischer Ebene handelt, berücksichtigt werden. Und das kontrollieren wir auch. Wir machen solche Empfehlungen, z.B. als es darum ging, dass es diesen zweiten Konvent, eine Einrichtung, die vor allem Parlamentarier einbezog, geben sollte. Dann haben wir die Bundesregierung immer wieder darauf hingewiesen, wir wollen diesen zweiten Konvent, wir wollen mehr Demokratie wagen. Am Ende war das auch erfolgreich. Übrigens haben wir eine Konferenz der Europaausschüsse mit dem schönen Namen COSAC, in der Europaausschussvertreter aus allen Mitglieds- und Kandidatenländern und des Europäischen Parlamentes zusammen kommen. Das ist die wichtigste Aktionsmöglichkeit für nationale Parlamentarier und auch für Landtagsabgeordnete. Sie werden wissen, dass die Landesregierungen, wenn es um Landeskompetenzen geht, im Rat in Brüssel am Tisch sitzen, nicht etwa an irgend einem Katzentisch, sondern voll mit entscheiden. Und was die Landesregierungen in Brüssel tun, muss natürlich von den Landtagen kontrolliert werden. Ich hoffe, es trifft auf fruchtbaren Boden. Ich sage es immer, wenn ich in einem Bundesland referiere: Die Landtage, in deren Ländern es einen Verfassungsartikel, wie den Artikel 23 GG für den Bund noch nicht gibt, sollten einen solchen Artikel in die Landesverfassung aufnehmen. Die Landesregierung muss berücksichtigen, was die Landtage bezüglich der Aktionen ihrer Regierung in Brüssel wollen. Aber das ist nur der erste Schritt. In Baden Württemberg gibt es einen solchen Artikel, der ist aber folgenlos. Warum? Weil der Landtag von Baden-Württemberg daraus nichts macht. Die Landesparlamentarier müssen auch das Selbstbewusstsein haben, ihrer Regierung zu sagen, welche Initiative sie im Bereich der Europapolitik für wünschenswert halten. Damit erkämpfen sie sich zusätzliches Gestaltungterrain, und das finde ich wichtig. Man sollte also als Abgeordneter, wenn man versucht, mehr Demokratie durchzusetzen und den Technokraten hinter verschlossenen Türen ein bisschen die Handlungsmöglichkeiten zu nehmen und Europapolitik öffentlicher zu machen, nicht jammern, sondern man sollte es erkämpfen. Soviel zu den Regionen mit Legislativbefugnissen.

Was das Klagerecht der Regionen des Ausschusses der Regionen angeht, muss ich hier berichten, das ist noch längst nicht beschlossen. Denn solche

Regionen wie unsere Länder gibt es in den meisten anderen Mitgliedstaaten nicht. Wenn wir sagen, wir wollen ein Klagerecht für Bundestag und Bundesrat, dann sagen uns andere z.b., die Franzosen, deren Senat nicht die hohe Wertschätzung hat, wie unser Bundesrat: „Es reicht ein Klagerecht für das wichtigste Parlament. Und Ihr Deutschen müßt Euch dann einigen, Bundesrat oder Bundestag." Dann argumentieren wir, dass der Bundesrat deshalb ein spezielles Gremium ist, weil er die Länder, die Regionen mit Legislativbefugnissen, vertritt. Das ist schon ein bisschen was anderes, abgesehen von der größeren Einwohnerzahl. Z.B. sind Nordrhein-Westfalen und Bayern größer als die Bewerberländer mit einer Ausnahme, nämlich Polen. Und dann zu sagen, diese Länder haben nichts zu melden, das ist etwas komisch. Sie sehen, die Vorschläge, die ich erläutert habe, machen deutlich, wie die künftige Verfassung aussehen könnte.

Ich will hier nur zwei Gebiete nennen, die noch außerordentlich strittig sind. Das Erste ist die Gestalt der künftigen Institutionen. Es geht darum, in Europa deutlich mehr Gewaltenteilung einzuführen. Ich kann Ihnen sagen, was wir vom Bundestag aus wollen, was die deutschen Delegierten wollen, aber da gibt es ganz massive Widerstände. Wir wollen, dass die gesetzgebende Gewalt künftig ausgeübt wird von der ersten Kammer, dem Europäischen Parlament, und einer zweiten Kammer, die die Interessen der Mitgliedstaaten vertritt und Staatenkammer genannt werden könnte, also nicht wie zurzeit die sechzehn Ministerräte, bei denen manchmal der eine nicht weiß, was der andere tut, sondern ein ständiges Gremium von Profis. Wir wollen, dass die Gesetze künftig grundsätzlich mit qualifizierter Mehrheit gemacht werden. Wir wollen, dass das Europäische Parlament grundsätzlich mitentscheidend ist, gleichrangig mit der Vertretung der Regierungen und der Mitgliedstaaten im Rat oder dann künftig der Staatenkammer. Das ist keine Kleinigkeit, aber man muss wissen, was noch fehlt. Es fehlt z.B. das Haushaltsrecht im Bereich der Subventionen für die Landwirtschaft, also im Bereich von mehr als 40 Prozent der Ausgaben der Europäischen Union. Das sind die sogenannten obligatorischen Ausgaben, die also ohnehin sein müssen. Und darüber entscheidet das Europäische Parlament nicht mit. Das ist ein ganz spannender Bereich, wie Sie sich denken können. Das Europäische Parlament entscheidet nur bei den nicht obligatorischen Ausgaben, also etwa Strukturhilfen. Ich finde, es ist vordemokratisch, dass es nicht über alles, was an Steuergeldern in der Europäischen Union ausgegeben wird, auch eine parlamentarische Kontrolle gibt. Soweit zur gesetzgebenden Gewalt.

Zur rechtsprechenden Gewalt muss ich nicht viel sagen. Ich habe nämlich eben schon erläutert, dass der Europäische Gerichtshof zum einen die von mir skizzierte begrenzte Kontrolle des Subsidiaritätsprinzips ausüben soll, zum anderen selbstverständlich, wenn die Grundrechte-Charta verbindlich ist, auch über so etwas wie eine Charta-Beschwerde zu entscheiden haben wird. Wir denken dabei an eine Art Verfassungsbeschwerde, darüber entscheidet bei uns bekanntlich das Bundesverfassungsgericht.

Hoch streitig ist aber die Regierungsgewalt. Unsere Vorstellung ist – und das vertritt erfreulicherweise als neuer Delegierter nun auch Joschka Fischer –, dass der Kommissionspräsident Chef der künftigen Regierung sein soll, dass die Kommission also die laufenden Regierungsgeschäfte übernimmt und dass der Präsident der Kommission gestärkt wird durch die Wahl des Europäischen Parlaments. Das ist etwas, was von manchen Regierungschefs mit Argwohn betrachtet wird. Denn da geht es um Macht. Sie haben deshalb den Vorschlag gemacht, dass es künftig einen Superpräsidenten des Europäischen Rates geben solle. Wie Sie wissen, ist der Europäische Rat die Versammlung der Regierungschefs der Mitgliedstaaten. Denen kann man das Regieren nicht abgewöhnen. Aber es muss klar sein, welche Rolle sie in der Machtverteilung in Europa spielen. Der Deutsche Bundestag schlägt vor, dass der Europäische Rat eine Art Richtlinienkompetenz bekommt, also über strategische Grundfragen entscheidet, z.B. über Krieg oder Frieden im Irak, die Position der Europäischen Union dazu oder die künftige Politik im Nahen Osten. Es soll aber nicht einen Gegenspieler des Kommissionspräsidenten in Gestalt eines für viele Jahre gewählten „Superpräsidenten" des Europäischen Rates geben. Dazu gibt es viele Gegenvorschläge. Ich habe den Eindruck, eine Mehrheit der Delegierten will diesen Superpräsidenten nicht. Das muss aber noch ausgetragen werden wie manches andere, zu dem ich etwas sagen kann, wenn Sie danach fragen.

Ich komme zum letzten Punkt, der gemeinsamen Innen- und Justizpolitik. Dabei sind ganz handfeste Fragen entscheidend. Z. B. wie steht es mit der Sicherung der künftigen Außengrenzen der Europäischen Union? Wir Deutschen können doch nicht sagen, glücklicherweise ist mit dem Beitritt von Polen für uns das Problem des Schutzes der derzeitigen Außengrenze an der Oder bei Frankfurt/Oder gelöst, das müssen jetzt die Polen erledigen. Das wäre nicht möglich. Die Polen haben eine neue Außengrenze von etwa 1.500 Kilometern. Zu sagen, sie sollen damit fertig werden, geht wohl zu weit. Meine Überzeugung ist, dass es langfristig so etwas geben muss wie eine europäische Grenzpolizei, finanziert von allen Ländern. Es ist ein gemeinsames Interesse, dass wir nicht eine illegale Einwanderung riesigen Ausmaßes mit entsprechenden Folgen für alle Mitgliedstaaten haben. Im Konvent sind wir im Moment allenfalls so weit zu sagen, das ist eine Aufgabe, die nicht nur den neuen Grenzländern wie etwa Polen zukommt, sondern das ist eine Aufgabe, die solidarisch zu lösen ist. Das hat auch mit Solidarität zu tun, dass man nicht eine neue Aufgabe einem Mitgliedstaat auflädt und sagt: „Nun seht zu, wie ihr damit fertig werdet". Andere Beispiele sind: Bekämpfung organisierter Kriminalität, Drogenhandel, Menschenhandel, Geldwäsche und Korruption. Es gibt eine Behörde namens Europol, die aber bisher nur Datensammelstelle ist. Der Bundestag will, dass diese Behörde auch eigene Ermittlungen durchführen kann. Das muss man verfassungsrechtlich absichern einfach deshalb, weil Polizeirecht Hoheitsrecht der Mitgliedstaaten ist. Also eigene Ermittlungskompetenzen für Europol würde bedeuten, dass z.B. Europol-Bedienstete in den Mitgliedsländern Zeugenvernehmungen, Durchsuchungen oder Beschlagnahmen durchführen können. Aber, und das ist ein entscheidender Punkt, immer nur zusammen mit den Polizeien der betreffenden Länder nach dem Recht der betreffenden Länder. Als ich das auf der letzten Konventsitzung erläuterte, kam ein rumänischer Delegierter zu mir und sagte: „Ein Glück, ich hatte schon Angst, in Rumänien würde außer der Nato demnächst auch noch Europol einmarschieren". Es besteht immer erheblicher Aufklärungsbedarf. In diesem Falle bedeutet es, Europol sollte zusätzliche Kompetenzen erhalten, die aber zusammen mit den Polizeien der Mitgliedstaaten ausgeübt werden. Selbstverständlich müssen sie parlamentarisch kontrolliert werden, der gerichtlichen Kontrolle letztlich durch den Gerichtshof unterliegen und es muss die Immunität der Europol-Bediensteten, die ich für ein Ärgernis halte, aufgehoben werden. Wo kommen wir hin, wenn Polizeibeamte, die die Geltung der Strafgesetze durchsetzen sollen, selbst über den Strafgesetzen stehen? Das ist ein Problem, das völlig unzureichend gelöst ist. Europol ist also ein wichtiger Punkt der künftigen Innen- und auch Justizpolitik. Aber es könnte auch sein, dass wir langfristig so etwas wie einen ernsthaften Versuch bekommen, die Belastung der Mitgliedstaaten durch Asylbewerber auszugleichen, d.h. also eine gerechtere Verteilung der Menschen, die politisch verfolgt sind und ein Aufenthaltsrecht in der Europäischen Union haben und nicht ausgewiesen werden können, weil die Genfer Flüchtlingskonvention gilt. Wer soll das machen, außer einer europäischen Asylbehörde? Das wäre also auch eine Vision, mit der wir uns beschäftigen müssen.

Ich nenne eine letzte europäische Institution, die EU-Staatsanwaltschaft. Da werden Sie fragen, wofür braucht man das denn. Ganz einfach, der europäische Staatsanwalt wird zum einen die Aufgabe haben, die Rechtsstaatlichkeit von Anwendung hoheitlicher Gewalt z.B. durch Europol zu kontrollieren. Aber das ist es nicht, was politisch vor allem zählt, sondern in der Europäischen Union werden z.Zt. schon jedes Jahr mehrere Milliarden Euro veruntreut, d h. sie gelangen durch undurchdringliche Kanäle, z.B. durch Korruption in die falschen Hände. Wenn diese Handlungen begangen werden durch hohe politische Würdenträger, dann können diese wegen der Weisungsunterworfenheit vieler nationaler Staatsanwaltschaften erwarten, dass sie nie angeklagt werden. Dafür brauchen wir einen europäischen Staatsanwalt, der dann vor den nationalen Gerichten solche Taten anklagt. Ich bin davon überzeugt, dass wir das unseren Steuerzahlern schuldig sind.

Es gibt eine Fülle von Problemen, ganz abgesehen von der künftigen gemeinsamen Außen- und Sicherheitspolitik. Europa muß mit einer Stimme sprechen in der Außenpolitik, Henry Kissinger hat mal gesagt: „Ich brauche eine Telefonnummer, wo ich anrufen kann, wenn ich wissen will, was Europa in Sachen Außenpolitik will". Das kann ich auch nur als Frage stellen.

Ich hoffe, Sie merken, dass es in diesem Konvent um eine ganze Menge geht. Und er ist es wert, sich in die Diskussion einzubringen. Ich hoffe, dass ich Sie ein bisschen motivieren konnte, sich vor allem mit dem, was der erste Konvent schon erreicht hat, zu beschäftigen, nämlich der Grundrechte-Charta. Mein Traum ist es, wenn Sie in einigen Jahren mal gefragt werden, warum nennt Ihr Euch eigentlich Europäer, dass Sie eine klare Antwort geben. Die eine mag sein, Sie zücken die Brieftasche und sagen: „Wir haben viel Euro drin", das sei Ihnen vergönnt. Die andere Antwort sollte sein: „Da gibt es die Europäische Grundrechte-Charta, und das ist unsere Werteordnung, zu der bekennen wir uns."

*Thomas Wobben**

Die Vertretung von Landesinteressen in Brüssel – die Arbeit des Verbindungsbüros des Landes Sachsen-Anhalt bei der EU

Vorbemerkung

In zunehmendem Maße werden Handlungs- und Gestaltungsspielräume lokaler und regionaler Akteure von europäischen Verordnungen, Richtlinien und Regelungen beeinflusst und oftmals auch eingeengt. Für Betrachter in den Regionen erscheint die Politikverflechtung auf europäischer Ebene auf den ersten Blick zu komplex und undurchsichtig für Erfolg versprechende Strategien zur Interessenvertretung.

„Die in Brüssel machen doch was sie wollen; über unsere Köpfe hinweg!", oder: „Die Eurokraten haben Entscheidungen getroffen, ohne die wirkliche Situation vor Ort zu kennen!," sind oft gehörte Aussagen von Betroffenen in den Ländern. Dieser Eindruck wird noch verstärkt, wenn bei europäischen Entscheidungsprozessen nicht mehr erkennbar bzw. verständlich ist, wieso und warum Regelungen auf europäischer Ebene getroffen wurden.

Bei der Kritik wird oft überzeichnet, weil die Verfahrensabläufe einerseits nicht bekannt sind und andererseits zwischen Ursache und Wirkung große zeitliche Spannen liegen. Was einmal auf europäischer Ebene beschlossen wurde, wird oftmals erst Jahre später auf lokaler und regionaler Ebene wirksam.

Die deutschen Länder sind davon in besonderer Weise betroffen, da ihnen generell die Umsetzung der Gesetze zukommt. Damit verfügen die Länder über weitreichende Vollzugskenntnisse, die sie in die Erarbeitung von nationaler und europäischer Gesetzgebung einbringen müssen und auch wollen.

Im Hinblick auf die Vertretung von Landesinteressen in Brüssel geht es im Kern daher um die Frage, ob und in welcher Form eigene Erfahrungen und Interessen in die Konzeption und Beschlussfassung von europäischen Rechtsakten gewahrt bzw. eingebracht werden können.

Im Folgenden wird auf diesen Zusammenhang hingewiesen und an einigen Beispielen verdeutlicht, wie eigene Interessen gewahrt werden können.

---

* Gehalten am 16. November 2002.

Länderbeteiligung in EU-Angelegenheiten

Die Länder nehmen formell ihre Interessen in EU Angelegenheiten auf verschiedenen Ebenen wahr:

- durch den Bundesrat gemäß Art. 23 GG,
- durch die Abgeordneten im Europäischen Parlament aus den jeweiligen Ländern und
- durch die Vertretung im Ausschuss der Regionen.

Das Initiativrecht für europäische Rechtsakte liegt in der EU ausschließlich bei der Europäischen Kommission. Damit unterscheidet sich das politische Gefüge in der EU grundlegend von den auf nationalstaatlicher Ebene bekannten Verfahren.

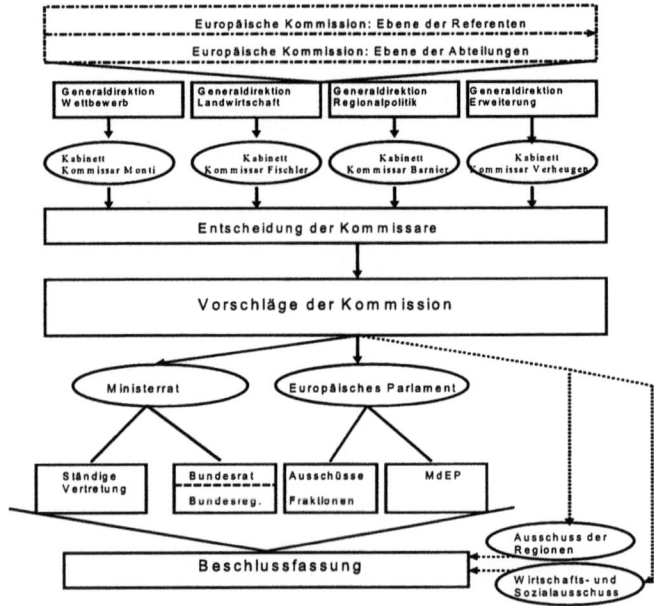

Die Kommission ist bei der Initiierung von Gesetzesvorschlägen oftmals in einem mehrfachen Dilemma:

- Sie muss Lösungen für den Verwaltungsvollzug vorschlagen, wobei sie in der Regel nicht selbst für die Umsetzung verantwortlich ist.

- Gleichzeitig muss sie Vorschläge machen, die in allen fünfzehn (oder bald in 25) Mitgliedstaaten umsetzbar sind. Dass der auf europäischer Ebene gefundene Kompromiß oftmals nur die zweit- oder drittbeste Lösung für den jeweiligen Mitgliedstaat ist, ist dabei vorprogrammiert.

Rat und Europäisches Parlament sind in der Regel nicht in der Lage, aufgrund ihrer begrenzten Konsens- und Problemlösungsfähigkeit umfassende Alternativkonzepte zu den Vorschlägen der Kommission zu entwickeln.

Letztendlich war und ist das Initiativmonopol der Kommission aber auch Garant dafür, dass europäische Interessen und nicht nationalstaatliche Egoismen bei der EU-Gesetzgebung überwiegen.

Herausforderungen für die eigene Interessenvertretung

Das Initiativmonopol der Kommission stellt gleichsam die regionale Interessenvertretung vor große Herausforderungen:

- sie muss frühzeitig weit vor der Beschlußfassung der Kommission über ihre Vorschläge beginnen,
- sie ist in diesem Vorfeld der Entscheidungen weder formell noch institutionell klar geregelt und
- sie erfordert von den betroffenen Akteuren langfristige Strategiefähigkeit.

Prinzipien der Vorfeldarbeit

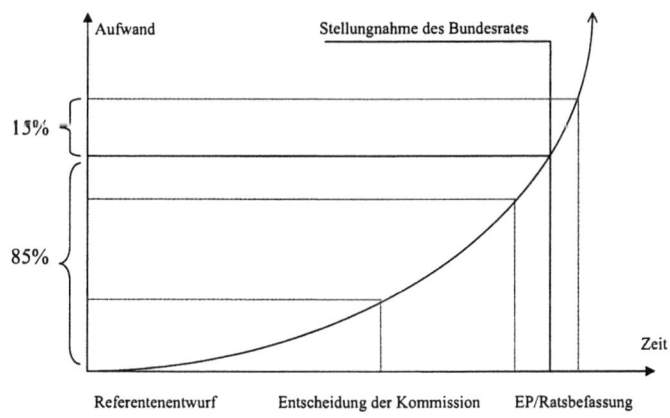

Um dem Vorwurf der Problemferne, im Hinblick auf die Entwicklung neuer Vorhaben, zu begegnen, hat die Kommission oftmals selbst Interesse an einer möglichst frühzeitigen Einbindung von Experten und Vertretern der Mitgliedstaaten und Regionen. Nur so kann die Kommission ihre Absicht untersetzen, bereits kompromissfähige Vorschläge zu unterbreiten. Deshalb ist es nicht verwunderlich, dass zahllose Experten und Vertreter der Mitgliedstaaten und Regionen in über 700 Arbeitsgruppen im Vorfeld der Beschlussfassung der Kommission eingebunden werden.

Stark vereinfacht ausgedrückt steht die Idee eines einzelnen Mitarbeiters in der Europäischen Kommission steht am Beginn einer jeden Initiative. Zu diesem Zeitpunkt t=0 genügt es oftmals, durch ein Gespräch mit diesem Kommissionsmitarbeiter eigene Interessen einzubringen. Je länger versäumt wird, die eigenen Interessen durch frühzeitige Kontakte einzubringen, um so mehr Akteure, die bei der Formalisierung von Entscheidungen in der Kommission eingebunden sind, müssen angesprochen werden. Somit steigt der Aufwand für die Interessenvertretung mit jeder Beteiligungsstufe in der Kommission exponentiell an.

Die deutschen Länder werden im Rahmen des innerstaatlichen Beteiligungsverfahrens erst nach Beschlussfassung der Kommission und Übermittlung der Vorlage an Rat und Parlament offiziell eingebunden.

Damit verfügen die deutschen Länder auf mitgliedstaatlicher Ebene über einzigartige Beteiligungsrechte in EU-Angelegenheiten. Doch zum Zeitpunkt der formellen Einbindung über den Bundesrat sind de facto bereits ca. 85% (eigener Erfahrungswert) der späteren Beschlüsse bereits inhaltlich vorentschieden. Zu diesem Zeitpunkt ist eine grundsätzliche Änderung der Position oftmals nur durch ein Veto im Ministerrat zu erreichen.

Vorfeldarbeit als Kernelement eigener Interessenvertretung

An diesem Dilemma von innerstaatlicher Machtfülle und europäischer Hilflosigkeit setzt die Vorfeldarbeit in EU-Angelegenheiten an. Zielt sie doch darauf ab, bereits weit im Vorfeld von Entscheidungen der Kommission, deren Sichtweise und Meinungsbildung im eigenen Sinne zu beeinflussen.

Hier ist auch das vorrangige Betätigungsfeld der deutschen Länderbüros in Brüssel zu finden, die ihre Existenz und ihre Kompetenzen dabei aus den gewachsenen Beteiligungsrechten der Länder in EU-Angelegenheiten nach Art. 23 GG ableiten. Im dazu verabschiedeten Durchführungsgesetz wurde in Art. 8 festgelegt, dass die Länder unmittelbar zu Einrichtungen der Europäischen Union ständige Verbindungen unterhalten können. Gleichzeitig wird in diesem Gesetz aber auch das Spannungsfeld zwischen klassischer Außenpolitik (klare Zuweisung des diplomatischen Status nur an die Ständige Vertretung) und dem Verständnis einer europäischen Innenpolitik (Verankerung der Länder auf europäischer Ebene) deutlich.

> Gesetzliche Grundlagen für die Einrichtung von Länderbüros
>
> - 4. Gesetz über die Zusammenarbeit von Bund und Ländern in Angelegenheiten der Europäischen Union vom 12.03.1993:
>
>   - Art. 8: "Die Länder können unmittelbar zu Einrichtungen der Europäischen Union **ständige Verbindungen** unterhalten, soweit dies zur Erfüllung ihrer innerstaatlichen Befugnisse und Aufgaben nach dem Grundgesetz dient. Die **Länderbüros erhalten keinen diplomatischen Status**. Stellung und Aufgaben der Ständigen Vertretung in Brüssel als Vertretung der Bundesrepublik Deutschland bei den Europäischen Gemeinschaften gelten uneingeschränkt auch in den Fällen, in denen die Wahrnehmung der Rechte, die der Bundesrepublik Deutschland als Mitgliedstaat der Europäischen Union zustehen, auf einen Vertreter der Länder übertragen wird."
>
> - Tendenz einiger Bundesländer, ihre Länderbüros "Vertretungen" zu nennen, z.B.: Vertretung des Landes Nordrhein Westfalen
>
> - Status der Regionalvertretungen aus anderen Mitgliedstaaten ist sehr unterschiedlich, z.B.:
>   - privatwirtschaftlich organisierte Beratungsbüros (Vertretung verschiedener Interessengruppen) oder Bürogemeinschaften verschiedener Regionen
>   - Vertretungen mit diplomatischen Status (Schottland)

Trotz einiger aktueller Entwicklungen im Hinblick auf die Regionalisierung in Großbritannien sind die deutschen Länderbüros immer noch der „Benchmark" hinsichtlich der regionalen Interessenvertretung in Brüssel.

Gemäß dieser institutionellen Verankerung im Spannungsfeld von Diplomatie und europäischem Binnenmarkt ist es die Aufgabe der Länderbüros, durch frühzeitige Information und Kontaktaufnahme die Voraussetzungen für eine effiziente Vorfeldarbeit zu schaffen.

Dabei geht die Spanne der Aktivitäten in Brüssel von Informationsbeschaffung bis zur Vermarktung des Landes, von der Begleitung von Vertretern der Landesregierung zu Einrichtungen der EU bis hin zur Anlaufstelle für interessierte Bürgerinnen und Bürger.

Die vielfältigen Aufgaben und die Erfordernisse der Vorfeldarbeit lassen sich in den Verbindungsbüros nur erledigen, wenn zwischen den deutschen Länderbüros und anderen gleichgesinnten Regionalbüros eng zusammengearbeitet wird und so weit dies möglich ist, auch arbeitsteilig vorgegangen wird.

Durch die ständig wachsenden Aufgaben hat sich in den vergangenen Jahren eine de-facto Arbeitsteilung der deutschen Länderbüros entwickelt, um so trotz gewachsener personeller Ressourcen zumindest teilweise in der Lage zu sein, auf der Klaviatur der Vorfeldarbeit zu spielen.

Gleiches gilt für Regionen mit ähnlichen Interessenlagen wie beispielsweise mit spanischen Regionen im Hinblick auf die Strukturpolitik.

Das Verbindungsbüro des Landes Sachsen-Anhalt ist mit seinen zehn Mitarbeiter/innen eine mittelgroße Vertretung in Brüssel. Dem allgemeinen Trend folgend hat auch Sachsen-Anhalt in den vergangenen Jahren ein Entsendemodell entwickelt, bei dem Mitarbeiter und Mitarbeiterinnen aus den jeweiligen Fachressorts für durchschnittlich drei Jahre nach Brüssel abgeordnet werden. Damit wird versucht, die thematische Breite der EU-Angelegenheiten abzudecken, eine enge Zusammenarbeit zwischen Verbindungsbüro und Fachressorts zu verankern und langfristig durch das Rotationsmodell die Europafähigkeit der Verwaltung zu stärken.

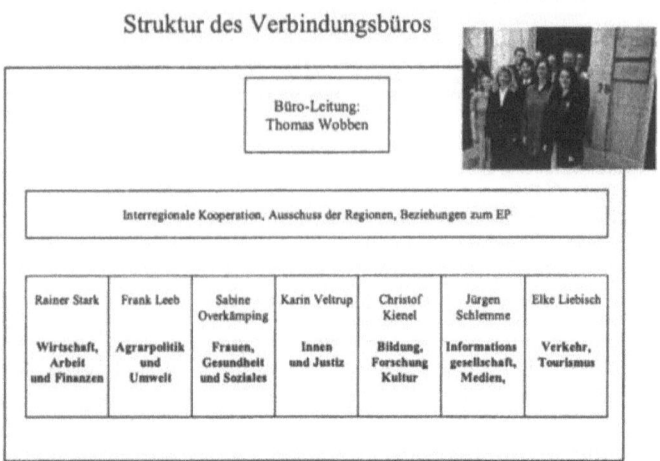

Das Verbindungsbüro kann aber nur so gut eingesetzt werden, wie es die Qualität der Interessenvertretungsstrategie erlaubt, das heißt, in wie weit folgende Bedingungen erfüllt sind:

- frühzeitige Problem- und Betroffenheitsanalyse,
- Definition eigener Interessen
- Einschätzung der politischen Debatte
- Einbeziehung der Akteure und Suche nach Bündnispartnern sowie die
- aktive Beteiligung an der Entscheidungsfindung

Dies soll an einigen Beispielen aus folgenden Themenfeldern verdeutlicht werden.

- Ausgestaltung der europäischen Strukturpolitik
- Förderung der interregionalen Zusammenarbeit
- künftige Regelungen im Bereich der Chemikalienpolitik

Interessenschwerpunkt: Europäische Strukturpolitik

- *Problem- und Betroffenheitsanalyse*
  Aufgrund des Förderstatus der ostdeutschen Länder im Rahmen der Strukturfonds und der damit verbundenen Mittelzuflüsse (ca. 20 Mrd. € in der laufenden Periode 2000-2006) spielt die Debatte über die zukünftige Ausgestaltung der europäischen Regionalpolitik eine besonders wichtige Rolle. Durch die anstehende EU-Erweiterung werden sich die Rahmenbedingungen für die Förderung drastisch verändern. Ostdeutschland droht aus rein statistischen Gründen seine Förderfähigkeit zu verlieren, ohne dass bisher die Förderziele erreicht wurden.

- *Definition eigener Interessen*
  Dieser Problem- und Betroffenheitsanalyse folgend ergibt sich das politische Interesse, dass dieser qualitative Unterschied (Herausfallen aus der Förderung, ohne die eigentlichen Förderziele erreicht zu haben) sich in einer unterschiedlichen Behandlung bei der zukünftigen Ausgestaltung der Förderung im Hinblick auf Fördermittelzusagen bzw. beihilferechtlichen Handlungsspielraum niederschlagen muss.

Strategien zur Interessenvertretung: Beispiel Strukturpolitik

Beobachtung und Einschätzung der politischen Debatte

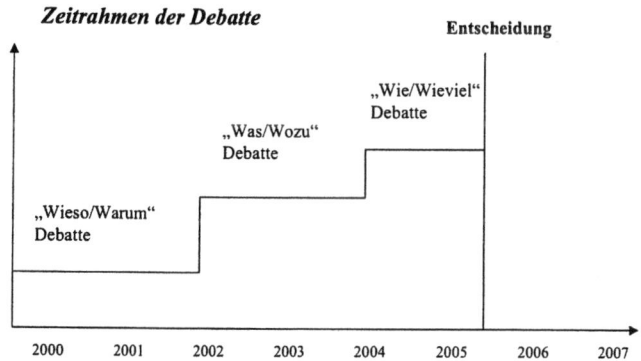

- *Einschätzung der politischen Debatte*
  Aus den Erfahrungen der Debatte über die AGENDA 2000 kann geschlossen werden, dass die Diskussion über die zukünftige Ausgestaltung eines zentralen EU-Politikfeldes (über 35% der EU-Mittel werden in die-

sem Bereich verausgabt) einer relativ genau nachzuzeichnenden Dramaturgie folgt.
Am Beginn der Reformdiskussion steht in der Regel die Frage, ob überhaupt eine Intervention der EU für die anstehenden Fragen notwendig und gerechtfertigt ist. Diese sogenannte „Wieso-/ Warum-Debatte" ist geprägt durch Stellungnahmen und „radikale Konzepte", die eine drastische Veränderung meistens mit ganz klarer Interessensetzung vorschlagen.
Diese Debatte hört in der Regel dann auf, wenn erkannt wird, dass „radikale Reformen" eine einstimmige Änderung des EU-Vertrages bzw. der dazu festgelegten Grundsatzbeschlüsse erfordern würden. Insofern wird in einer zweiten Diskussionsphase, nachdem die radikalen Ansätze den Realitäten gewichen sind, das Thema „Was/Wozu" angesprochen. Hier stehen inhaltliche Fragen (Rolle der Strukturfonds zur Überwindung von Entwicklungsrückständen bzw. zur Schaffung von Wettbewerbsfähigkeit und Beschäftigung) im Mittelpunkt. Am Ende der Debatte stehen dann Fragen des „Wie und Wieviel", wobei Themen wie Verwaltungsvereinfachung und Finanzausstattung diskutiert werden.
Zwar ist diese Auflistung sehr vereinfacht und schematisch wiedergegeben, dennoch gibt sie in wesentlichen Teilen die Debatte wieder.

– *Einbeziehung der Akteure und Suche nach Bündnispartnern*
Eine effiziente Interessenvertretung versucht ständig, die eigene Position im Lichte der Debatte zu definieren, um so Schlüsse aus dem zukünftigen Verhalten der Prozessbeteiligten schließen zu können. Im konkreten Beispiel hat sich die Position des Landes in den vergangenen Monaten insofern gewandelt, dass zuerst im Lichte der allgemeinen Debatte eine Sonderbehandlung für die vom statistischen Effekt betroffenen Gebiete propagiert wurde, um nunmehr in die Forderung zu münden, dass diese Gebiete auch im kommenden Förderzeitraum den jetzigen Ziel-1-Gebieten gleich gestellt werden.
Im Lichte des Verhältnisses von Zeit und Aufwand ist es in diesem Zusammenhang notwendig, dass diese Forderung von der Europäischen Kommission in den für Ende 2003 angekündigten Vorschlägen aufgenommen wird.
Insofern hat Sachsen-Anhalt versucht, die von der Europäischen Kommission definierten Zwischenschritte (2. Kohäsionsbericht, Kohäsionsforum, Zwischenbericht zur Kohäsion, 3. Kohäsionsbericht) im Sinne der eigenen Positionierung zu beeinflussen.
Dies geht nur, wenn sowohl auf nationaler als auch europäischer Ebene die Akteure und potentielle Bündnispartner eingebunden werden.
Ausgangspunkt sind die eigene Meinungs- und Strategiebildung, die Positionsbestimmung in der nächst höheren Organisationseinheit (z.B. ostdeutsche Länder) und die frühzeitige Suche nach Bündnispartnern.

Strategien zur Interessenvertretung: Beispiel Strukturpolitik

Einschätzung der politischen Debatte

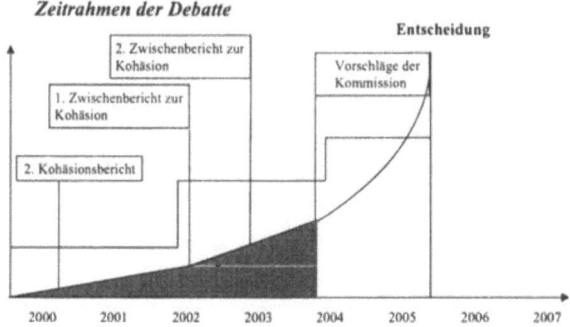

Ein relativ kleines Land wie Sachsen-Anhalt kann nur durch eine möglichst flexible Kooperations- und Vernetzungsstrategie ein politisches Gewicht erreichen, dass dem Anliegen und den Interessen gerecht wird. Ergänzt werden die nationalen Strategieschritte durch die Suche nach europäischen Bündnispartnern und die Bildung von Netzwerken. Hier wird die Verflechtung der Politikebenen konkret.

Im Hinblick auf die Interessenlage des Landes bedeutet dies:

- Vereinbarung eines gemeinsames Standpunktes der ostdeutschen Länder
- Suche nach Verbündeten in der innerdeutschen Debatte sowie
- Start einer Initiative der vom sogenannten „statistischen Effekt" der Erweiterung betroffenen Regionen.

Es bleibt abzuwarten, welchen Effekt diese Arbeit auf die konkreten Vorschläge zur nächsten Förderperiode haben wird. Die Tatsache, dass sich die Akteure langsam aber stetig auf eine Konsenslösung bewegen (z.B. durch Aufgabe von Extrempositionen) und vor allem dass die Kommission die besondere Problemlage der vom statistischen Effekt betroffenen Gebiete erkennt hat, ist ein hoffnungsvolles Zeichen.

- *aktive Beteiligung an der Entscheidungsfindung*
Im Lichte der definierten Strategie lassen sich dann die Initiativen verknüpfen und in ein Gesamtkonzept bündeln. Danach wird versucht, auf allen Ebenen frühzeitig Entscheidungen, in jeweils höheren Aggregationsstufen zu erreichen und zu vernetzen, um so die Beschlussvorschläge der Kommission bereits im Vorfeld zu beeinflussen. Dies geschieht weit vor der Befassung im Bundesrat und der eigentlichen Entscheidungsfindung.

Interessenschwerpunkt: Interregionale Zusammenarbeit

- *Problem- und Betroffenheitsanalyse*
  Sachsen-Anhalt ist eines von sechs deutschen Ländern, die über keine Außengrenzen verfügen. Somit ist das Land von der Förderung der grenzüberschreitenden Zusammenarbeit im Rahmen der Gemeinschaftsinitiative INTERREG ausgeschlossen. Auch an der von den Grenzregionen angeschobenen Förderung der Zusammenarbeit mit den Beitrittskandidaten ist das Land aufgrund seiner geographischen Lage nicht eingebunden.

INTERREG III C Zeitrahmen der Interessenvertretung

1999	• März 1999: Verabschiedung der AGENDA 2000
2000	• 21. Juni 1999: Annahme der Rahmenrichtlinie für die Strukturfonds
	• 28. April 2000: Annahme der INTERREG Leitlinien
2001	• 7. Mai 2001: Mitteilung über INTERREG III C
	• 31. Dezember 2001 Annahme der INTERREG III C Operationellen Programme
2002	• 20. September 2001 Präsentation der Ergänzenden Programmplanung für INTERREG III C
2003	• 15. Oktober 2002 Veröffentlichung der INTERREG III C Ausschreibung
	• 10.01.03 Antragsfrist für INTERREG III C Projekte
	• Mitte 2003 Beginn der Projektimplementierung!

- *Definition eigener Interessen*
  Um als Land die Möglichkeit zu haben, sich aktiv an der Zusammenarbeit von Regionen in der Europäischen Union zu beteiligen und dafür entsprechende Fördermittel zu erhalten, ist es notwendig, dass Konzept der grenzüberschreitenden Zusammenarbeit durch das Konzept der interregionalen Zusammenarbeit zu ergänzen.
  Gleichzeitig gilt es, für diese Form der Zusammenarbeit geeignete Förderkonzepte und –strategien zu entwickeln.
  Im Rahmen der Beschlüsse über die AGENDA 2000 wurde auch geregelt, dass künftig die interregionale Zusammenarbeit durch die Gemeinschaftsinitiative INTERREG gefördert werden soll.
  Damit ist das Land aufgerufen:

  - sich aktiv an der Ausgestaltung der künftigen Gemeinschaftsinitiative INTERREG zu beteiligen,

- eigene Vorstellungen zur Umsetzung der interregionalen Zusammenarbeit im Rahmen von INTERREG zu entwickeln und
- im Zusammenwirken mit Kommission, Mitgliedstaaten und interessierten Regionen ein neues Förderkonzept zu kreieren.

- *Einschätzung der politischen Debatte*
Dabei gestaltet sich der Prozeß durchaus zäh und langwierig. Bisher wurde die interregionale Zusammenarbeit durch europaweite Ausschreibungen für Kooperationsprojekte im Rahmen der Programme ECOS/OUVERTURE oder RECITE durchgeführt.
Weder auf der Ebene der Kommission noch in den Mitgliedstaaten gab es ein großes Know How über die Verankerung der interregionalen Zusammenarbeit im Rahmen einer Gemeinschaftsinitiative.
Als nun festgelegt wurde, künftig die interregionale Zusammenarbeit durch INTERREG zu fördern, waren die zuständigen Stellen in den Hauptstädten und auch die Kommission selbst auf Hilfe aus den Regionen angewiesen, um über das bisher nur schlecht funktionierende Instrument europaweiter Ausschreibungen, eine neue Form der Förderung für die interregionale Zusammenarbeit zu entwickeln.

- *Einbeziehung der Akteure und Suche nach Bündnispartnern*
Das Land Sachsen-Anhalt hatte bereits im Frühjahr 1999 eine interregionale Arbeitsgruppe gebildet, die gemeinsame Vorschläge zur Ausgestaltung von INTERREG III C machte. Diese Gruppe wurde von der Kommission gebeten, ihre Vorschläge einzubringen. Unter dem Titel „Strategische Regionalpartnerschaften" wurde vorgeschlagen, künftig einen Großteil der Mittel im Rahmen von interregionalen Operationellen Programmen, an denen sich eine begrenzte Zahl von Regionen beteiligen sollte, umzusetzen.
Dabei sollten sich zwischen vier und sechs Regionen zusammenfinden, um im Rahmen einer interregionalen Strategie ihre Ziele und Erwartungen an die gemeinsame Kooperation zu formulieren. Darauf aufbauend sollte ein Operationelles Programm der Zusammenarbeit entworfen werden, in dem die Themen und die erwarteten Effekte der Kooperation beschrieben werden. Dieses Konzept sollte darauf hin zur Förderung eingereicht werden.
Die eigentliche Zusammenarbeit sollte dann durch Kooperationsprojekte erfolgen, die nach Bestätigung des Operationellen Programms von den Regionen selbst ausgewählt und umgesetzt werden.

- *aktive Beteiligung an der Entscheidungsfindung*
Nachdem die Kommission im September 2000 diesen Ansatz übernommen hat, waren die Mitgliedstaaten aufgerufen, die für die Förderung von interregionalen Kooperationsprogrammen notwendigen administrativen und fördertechnischen Voraussetzungen zu schaffen.

> **Strategien der Interessenvertretung: Chemiepolitik**
>
> - 1. **Sitzung des Netzwerks am 06.03.01** in Brüssel mit Vertretern aus West-Schweden, britischen Chemiestandorten, Malopolska
>
> - 2. **Treffen der Chemiestandorte am 19.04.01 in Brüssel**
>
> - Beteiligung an der europäischen Konferenz zum Thema **"Chemieparkmanagement in Mitteldeutschland"** am 28.-29.05.01 in Halle.
>
> - **Veranstaltung des europäischen Netzwerks der Chemieregionen zum Thema Chemikalienpolitik in Europa am 19.09.01 in Brüssel.**
>
> - 3. **Treffen des Netzwerks am 14.02.02** in der Vertretung der Region Kataloniens in Brüssel.
>
> - 4. **Treffen des Netzwerks** der Chemieregionen am 30.10.02 in der Vertretung der Region Nordost England
>
> - 5. **Treffen des Netzwerks** am 09.12.02 im Verbindungsbüro des Landes Sachsen-Anhalt

Am 15. Oktober 2002 wurden dann die Regionen erstmals gebeten, Vorschläge für interregionale Kooperationsprogramme im Rahmen von INTERREG III C einzureichen. Das Land Sachsen-Anhalt hat daraufhin zwei Kooperationsprogramme mit einem Finanzvolumen von ca. 15,5 Mio. Euro eingereicht.

Falls sich die Dinge weiter so entwickeln wie bisher, ist damit innerhalb von INTERREG die interregionale Zusammenarbeit langfristig verankert worden.

Interessenschwerpunkt: Chemikalienpolitik

Neben den Fragen der Förderung und der beihilferechtlichen Ausgestaltung der Wirtschaftsförderung sind in den vergangenen Jahren vor allem auch rechtliche Regelungen in den Mittelpunkt der wirtschaftspolitischen Interessenvertretung des Landes in Brüssel gerückt. Konkretes Beispiel in diesem Bereich ist das Engagement über die künftige Ausgestaltung der Chemikalienpolitik in Europa.

- *Problem- und Betroffenheitsanalyse*
  Die Europäische Union hat sich zum Ziel gesetzt, die Chemikalienpolitik in Europa zu harmonisieren und zu vereinfachen. Sachsen-Anhalt ist die wichtigste Chemieregion in Ostdeutschland und insofern von den künftigen europäischen Regelungen besonders betroffen.

- *Definition eigener Interessen*
  Viele der in Ostdeutschland produzierenden Chemieunternehmen konzentrieren sich auf die Erstellung und Vermarktung von Grundstoffen mit sehr geringen Gewinnmargen. Eine auch nur geringe zusätzliche preisliche Belastung könnte sie in ihrer Wettbewerbsfähigkeit entscheidend schwächen. Darüber hinaus hat die Chemieindustrie in Ostdeutschland im vergangenen Jahrzehnt einen tiefgreifenden Strukturwandel durchlaufen, bei dem die ehemals bestehenden überdimensionierten Kombinate privatisiert und umstrukturiert wurden. Dabei haben sich an den Altstandorten zahlreiche Unternehmen angesiedelt, die nunmehr auf dem ehemals geschlossenen System der Chemiekombinate in gemeinsam verwalteten Chemieparks die Produktion fortführen.
  Besonderes Interesse des Landes galt daher der Frage, dass rechtlich unabhängige Unternehmen, die auf einem geschlossenen Chemiepark in geschlossenen Systemen mit anderen Unternehmen kommunizieren und kooperieren nicht schlechter gestellt werden als Großunternehmen, die im Rahmen einer rechtlichen Einheit das gleiche produzieren.

- *Einschätzung der politischen Debatte*
  Das von der Kommission im November 2001 vorgelegte Weißbuch über die künftige Chemikalienpolitik sah für die Verbundproduktion in einem geschlossenen Chemiepark keine entsprechende Regelung vor.
  Daher war es für das Land von überragender Bedeutung, diesen Aspekt stärker in den Mittelpunkt der Debatte zu rücken.

- *Einbeziehung der Akteure und Suche nach Bündnispartnern*
  Gleich nach Veröffentlichung des Weißbuchs wurden daher folgende Aktivitäten von Landesseite in Angriff genommen:

  - aktive Einbindung der Chemieunternehmen des Landes im Rahmen des Chemiedialogs mit der Landesregierung,
  - Kontaktaufnahme mit Vertretern der Kommission zur Erörterung über das Weißbuch über die Chemikalienpolitik,
  - frühzeitige Kabinettbefassung zum Thema zur Erarbeitung einer ressortübergreifenden Landesposition mit nachfolgender intensiver Landtagsbefassung,
  - Kontaktaufnahme mit anderen Chemieregionen und Start der Initiative zum Aufbau eines Netzwerks der europäischen Chemieregionen,
  - Berichterstattung im Bundesrat zur Erarbeitung der Stellungnahme zum Weißbuch Chemikalienpolitik und
  - hochrangige Diskussionen und Veranstaltungen zum Thema Chemikalienpolitik in Brüssel.

- *Aktive Beteiligung an der Entscheidungsfindung*

Ergebnis dieser Aktivitäten ist, dass

- von Seiten der Kommission auch zunehmend regionale Belange bei der Debatte über die Ausgestaltung der rechtlichen Regelungen der Chemikalienpolitik einbezogen werden,
- die Vorschläge, die derzeit zur Umsetzung des Weißbuchs über die Chemikalienpolitik vorliegen, die besondere Situation der Chemieparks berücksichtigen
- sich sukzessive ein Netzwerk der europäischen Chemieregionen bildet, um auch weiterhin die Initiativen auf EU-Ebene zu begleiten und damit eine Plattform für den interregionalen Erfahrungsaustausch geschaffen wird und
- zur Finanzierung entsprechender Netzwerke nunmehr auf die Gemeinschaftsinitiative INTERREG zurückgegriffen werden soll.

Fazit

Die hier dargestellten Fälle zeigen, wie sehr eine aktive Interessenvertretung in Brüssel im Vorfeld von Kommissionsentscheidungen notwendig ist.

Die Fälle zeigen aber auch, dass für erfolgreiche Strategien eine kohärente Interessenvertretung auf regionaler und nationaler Ebene zur Flankierung der Arbeiten in Brüssel, der entscheidende Erfolgsfaktor ist.

Darüber hinaus wird indirekt deutlich, welche inhaltlichen und strategischen Anforderungen an die Landesverwaltung gestellt werden, um möglichst früh und umfassend auf neue Trends in Brüssel zu reagieren.

Die von der Europäischen Kommission angekündigte stärkere Einbindung der Zivilgesellschaft in die Entwicklung von EU-Politikstrategien unterhöhlt zwar einerseits die verfassungsrechtliche Stellung der Länder in EU-Angelegenheiten, wenn die Länder in einen Topf mit Vertretern aus NGO's und anderen Interessengruppen geworfen werden. Anderseits bietet sie aber die Chance, früher und strukturierter als bisher auf das Handeln der Kommission einwirken zu können.

Aber auch durch eine weitere Stärkung der Länderkompetenzen werden die Anforderungen an die Vorfeldarbeit wachsen.

Eine so definierte mehrdimensionale Strategie zur Interessenvertretung lässt sich nur erfolgreich umsetzen, wenn dazu entsprechend ausgebildete erfahrene Mitarbeiterinnen und Mitarbeiter in der Verwaltung vorhanden sind.

Neben sprachlicher und europarechtlicher Kompetenz sind vor allem auch interkulturelle Fähigkeiten notwendig, um Strategieprozesse von Mitarbeiterinnen und Mitarbeitern, aus unterschiedlichen Verwaltungstraditionen, einordnen und managen zu können.

Hier stehen die Länder noch am Anfang einer neuen Verwaltungstradition.

*Manfred Püchel**

Die Rolle der Landesparlamente im europäischen Integrationsprozess: Die Perspektive der Opposition

Ich möchte im folgenden in erster Linie über den aktuellen Stand der Vorbereitung des Föderalismus-Konvents der Präsidenten und Fraktionsvorsitzenden der deutschen Landesparlamente berichten. Bei diesem Konvent geht es nicht zuletzt um die Stellung der Länder und ihrer Parlamente im föderativen System Deutschlands. Es geht damit auch um ihren Einfluss auf Entscheidungen auf europäischer Ebene. Dem Thema der heutigen Veranstaltung geschuldet, will ich dieses aus der Perspektive der Opposition tun und mich bemühen, konkrete Anforderungen an die Arbeit des Landtages von Sachsen-Anhalt abzuleiten.

Europa findet im Europaausschuss des Landtages und entsprechend den Anlässen auch in den Ausschüssen für Wirtschaft, Landwirtschaft und Soziales, sofern es nämlich um finanzielle Förderung mit EU-Mitteln geht, statt. Gelegentlich werden auch Debatten im Plenum dazu geführt. In den allermeisten Fällen besteht im Landtag parteienübergreifender Konsens in europapolitischen Fragen.

Die Rolle der Länder – Wesen des Bundesstaats: Einheit nach außen – Vielfalt nach innen

Bevor ich näher auf die Rolle der Landesparlamente und parlamentarischen Opposition eingehe, möchte ich zunächst auf die Rolle der Länder an sich eingehen.

Bereits bei der Frage, ob die Länder mit einer Stimme zu Europa sprechen oder mit mehreren, gerät man ins Stocken, denn rein rechtlich betrachtet sprechen die Länder als Länder mit überhaupt keiner Stimme zu Europa! Tatsächlich findet natürlich Lobbyarbeit über ihre Vertretungen in Brüssel statt.

---

* Gehalten am 13. Januar 2003.

Es ist festzuhalten: Die Bundesländer befinden sich im Verhältnis zur EU in einer komplizierten Gemengelage, weil Mitglied der EU eben die Bundesrepublik Deutschland ist und nicht etwa die Länder als Gliedstaaten der Bundesrepublik. Dieses entspricht dem klassischen Verständnis eines föderalen Staatsaufbaus, welches mit dem Schlagwort *„Einheit nach außen, Vielfalt nach innen"* zusammengefasst werden kann.

Nach *außen*, also auch der EU gegenüber, vertritt die Bundesrepublik Deutschland als Vertragspartner die Interessen Deutschlands. Für die Bundesrepublik spricht mithin nur der Bund, nicht die Länder; auch nicht im Ausschuss der Regionen, auf den ich noch zu sprechen komme.

Das Grundgesetz ist darauf angelegt, dass Deutschland mit einer Stimme zu seinen Partnern in der EU spricht. Wenn in Art. 50 GG sowie in Art. 23 GG, dem 1992 eingefügten sogen. Europaartikel, geregelt ist, dass der Bundesrat in Angelegenheiten der Europäischen Union mitwirkt, so muss diese Bestimmung in dem Bewusstsein gelesen werden, dass der Bundesrat ein Organ des Bundes und nicht der Länder ist.

Die Ländervertreter im Bundesrat haben sich dementsprechend bei ihrer Mitwirkung in europäischen Angelegenheiten bundestreu zu verhalten. Auch das ist Ausfluss unseres föderalen Systems.

Entsprechend ist auch die Institution „Ausschuss der Regionen" (AdR) auf EU-Ebene zu betrachten, in die auf Vorschlag der Bundesregierung der Europäische Rat Vertreter der Regionen beruft. Der AdR besitzt auf EU-Ebene übrigens noch nicht einmal Organstatus.

Zur Erinnerung an die Bundestreue ist in Art. 23 GG mehrfach die eigentlich selbstverständliche Formulierung wiederholt, der Bundesrat habe bei seinen Mitwirkungsbefugnissen die *gesamtstaatliche Verantwortung* des Bundes zu wahren. Und selbst wenn unter Berufung auf Art. 23 Abs. 5 Satz 2 GG manche Stimmen in der Literatur dem Bundesrat in bestimmten Fällen sogar ein Letztentscheidungsrecht im Verhältnis zur Bundesregierung einräumen wollen, wird sich hieraus kein wirklicher Machtzuwachs der Länder ableiten lassen.

Art. 23 Abs. 5 Satz 2 GG muss immer zusammen mit Satz 3 gelesen werden. Satz 2 lautet: „Wenn im Schwerpunkt Gesetzgebungsbefugnisse der Länder, die Einrichtung ihrer Behörden oder ihre Verwaltungsverfahren betroffen sind, ist bei der Willensbildung des Bundes insoweit die Auffassung des Bundesrates maßgeblich zu berücksichtigen". Aus dem Wort *maßgeblich* wird das Letztentscheidungsrecht des Bundesrates im Verhältnis zur Bundesregierung abgeleitet. Jedoch werden sich die Länder im Streitfall über den Bundesrat kaum gegen die Bundesregierung durchsetzen können. Denn schon nach Satz 3 ist dieses Letztentscheidungsrecht des Bundesrates hinfällig, wenn die Auffassung des Bundesrates zu Ausgabenerhöhungen oder zu Einnahmeminderungen des Bundes führt. Das dürfte im Ergebnis bedeuten, dass die Bundesregierung im tatsächlichen Handeln Stellungnahmen des Bundesrates auch in Fällen von Satz 3 lediglich berücksichtigen muss. Denn die allermeisten Entscheidungen – zumal, wenn sie umstritten sind – besitzen Finanzrelevanz.

Dennoch haben die Länder durch Einbindung in Verfahren natürlich Einfluss und auch der Bund hat ein Interesse daran, im Einklang mit den Länderinteressen zu bleiben. In Art. 23 Abs. 6 GG ist zum Beispiel von der Möglichkeit die Rede, in Fällen des Abs. 5 die Wahrnehmung von Rechten, die der Bundesrepublik Deutschland als Mitgliedstaat der EU zustehen, vom Bund auf einen vom Bundesrat benannten Vertreter zu übertragen. Auch ist außerhalb des Anwendungsbereiches des Abs. 6 eine Hinzuziehung von Landesvertretern in den Beratungsgremien von Kommission und Rat üblich.

In meiner Funktion als Vorsitzender der Innenministerkonferenz des Bundes und der Länder nahm ich im vergangenen Jahr als Ländervertreter gemeinsam mit dem Bundesinnenminister und der Bundesjustizministerin an Sitzungen des Ministerrats für Innen und Recht teil. Im Nachgang zum 11. September 2001 waren diese Treffen alles andere als bloße Pflichtübungen. Jeder EU-Mitgliedstaat hat in diesem Rat zwei Vertreter und es ist anderen EU-Ländern nicht möglich, dass neben den nationalen Fachministern auch ein Vertreter einer „Regionalgebietskörperschaft" an den Sitzungen teilnimmt. Vielmehr werden die anderen EU-Mitgliedsstaaten allein durch Abgesandte der nationalen Regierung vertreten. Polizeirecht ist aber gemäß Art. 70 GG in Deutschland – weitgehend – Ländersache. Deshalb gibt es nicht nur immer medienwirksame Auseinandersetzungen im Landtag, wenn die eine oder andere Fraktion einen Änderungsentwurf zum Polizeigesetz einbringt. Dass Polizei Ländersache ist, hatte auch zur Folge, dass Bundesinnenminister Otto Schily gegenüber den Innenministern der anderen EU-Mitgliedsstaaten das eine ums andere Mal erklären musste, hier besitze er keine alleinige Entscheidungsbefugnis. Er müsse, bevor er Zusagen für die Bundesrepublik machen könne, sich erst mit mir als Vertreter der Bundesländer abstimmen. Das mag vor dem Hintergrund eines föderalen Staatsaufbaus naheliegend sein. Zentralistisch verwalteten Ländern, wie Frankreich zum Beispiel, mutet dieses Verfahren allerdings fremd an.

Im Ergebnis also gilt: Für Deutschland spricht gegenüber der EU der Bund. Wenn Ländervertreter für Deutschland sprechen, tun sie dieses durch den Bundesrat (Art. 23 Absatz 2 S. 1 GG). Die Länder sind im Außenverhältnis also nur so stark, wie sie bei der Außenvertretung über den Bund mitwirken können.

„Einheit nach außen, Vielfalt nach innen" bedeutet nicht zuletzt, dass das von der Verfassung berufene Organ – in diesem Falle die Bundesregierung – Deutschland in den Verhandlungen über die EU-Erweiterung nach außen vertritt.

Diese simple Feststellung beleuchtet ein grundsätzliches Problem der politischen Wirklichkeit in Deutschland, denn es haben sich neben den im Grundgesetz oder in den Länderverfassungen vorgesehenen Strukturen viele mehr oder weniger informelle Strukturen entwickelt, die auf politische Entscheidungsfindungen einwirken. Ich nenne hier nur das Stichwort Koalitionsausschüsse. Sie sind vielleicht die wichtigsten Gremien in Deutschland überhaupt, welche allerdings in keiner Verfassung erwähnt sind. Und vielleicht spricht es auch für das Zusammenwachsen Europas, wenn die politischen Strömungen, wenn Konservative und Sozialdemokraten, sich mehr und mehr über nationale Grenzen hinweg vernetzen und gemeinsame Positionen suchen.

Nichtsdestotrotz, solange es keine europäische Verfassung mit einem entsprechenden Auftrag an die politischen Parteien gibt, entspricht es nicht dem Wesen des Bundesstaats, wenn an der Bundesregierung vorbei Deutschland gegenüber den Partnern in der EU mit verschiedenen Stimmen spricht.

Die EU-Staats- und Regierungschefs haben bekanntermaßen auf ihrem historischen Gipfel in Kopenhagen im Dezember 2002 den Beitritt von zehn Ländern beschlossen. Für Bulgarien und Rumänien wurde ein Beitritt für 2007 in Aussicht gestellt. Und der Türkei wurde zugesichert, dass im Dezember 2004 geprüft wird, ob sie die politischen und wirtschaftlichen Bedingungen für die Aufnahme von Beitrittsverhandlungen erfüllt.

Mit der Türkei hat die EU seit 1963 ein Assoziierungsabkommen. Immer wieder sind ihr Versprechungen in Richtung Mitgliedschaft gemacht worden. Für jedes Land, das der EU beitreten möchte, gelten klare Bedingungen: nämlich die Kopenhagener Kriterien, die lauten:

- Achtung der Menschenrechte,
- funktionierende Marktwirtschaft sowie
- Übernahme des EU-Rechts.

Der Türkei ist zugesichert worden, dass dann, wenn sie diese Kriterien erfüllt, die EU mit ihr über einen Beitritt verhandelt. Dies wird frühestens 2005 der Fall sein. Schon deshalb eignet sich dieses Thema nicht für einen deutschen Landtagswahlkampf im Jahre 2003.

Des weiteren ist das Zusammenwachsen der Europäischen Union ein Prozess, den wir alle begrüßen und fördern wollen. Gerade weil das Zusammenwachsen Europas ein Prozess von mehreren Jahren, wenn nicht Jahrzehnten ist, sollte man sich vor Augenblicksäußerungen aus wahltaktischen Gründen hüten. Die grundsätzliche Meinung, die hier gefragt ist, darf im Ergebnis nicht davon abhängen, ob man sich gerade in einem Land in der Opposition oder in der Regierung befindet. Zumal sich Rot und Schwarz hier von Bundesland zu Bundesland abwechseln und die Opposition von heute die Regierung von morgen ist und umgekehrt.

Zurück zum Wesen des Bundesstaats: Der Vollständigkeit halber sei noch erwähnt, dass der Grundsatz „Einheit nach außen, Vielfalt nach innen" soweit geht, dass allein die *inner*staatliche Geltung eines völkerrechtlichen Vertrages von der gegebenenfalls notwendigen Zustimmung von Bundestag und Bundesrat abhängt. Im *Außen*verhältnis gilt auch im Völkerrecht der

Grundsatz, Verträge sind einzuhalten, oder im Juristenlatein „Pacta sunt servanda", unabhängig davon, ob der Vertrag gemäß des innerstaatlich vorgeschriebenen Verfahrens zu Stande gekommen ist. Insofern ist Deutschlands Handlungsfähigkeit nach *außen* allen innenpolitischen Streitereien zum Trotz gesichert.

Die Rolle der Länderparlamente – Zukunft Europas sowie des deutschen Föderalismus

Die Einflussmöglichkeiten der Länder auf das Verhalten des Bundes in der EU sind gering, das folgt aus dem Wesen des Bundesstaats. Für die einzelnen Länderparlamente ist die Situation in dieser Gemengelage noch „düsterer".

Denn, der Bundesrat besteht – zu allem Überfluss möchte man als Oppositionspolitiker fast sagen – nur aus Mitgliedern der Regierungen der Länder. In Sachsen-Anhalt jedenfalls sind diese in ihrem Abstimmungsverhalten auch nicht durch Beschlüsse des Landtages gebunden. So steht es in Art. 68 Abs. 3 Ziff. 2 Landesverfassung Sachsen-Anhalt, wonach die Landesregierung über die Stimmabgabe im Bundesrat beschließt.

Im Grunde genommen, so lautet mein trister Befund, kommt der Landtag auf der EU-Ebene nicht vor, wenn man einmal von meinem Kollegen Tilmann Tögel absieht. Er wurde vom Landtag der Bundesregierung und von ihr wieder dem EU-Rat vorgeschlagen und von diesem in den bereits erwähnten Ausschuss der Regionen berufen.

Aber auch dieser Ausschuss ist keine Institution der Landtage oder sonstiger Regionalkörperschaften in Europa. Er ist eine Institution der EU mit beratender Funktion. Nicht mehr, aber auch nicht weniger. Und wie umständlich es war, den Abgeordneten dorthin zu entsenden, zeigt ja beispielhaft, wie weit die EU von Sachsen-Anhalts Institutionen und denen anderer Bundesländern weg ist.

Lassen Sie mich kurz auf die Rolle des Ausschusses der Regionen (AdR) eingehen: Der AdR soll ermöglichen, dass Erfahrungen und Interessen der Regionen unmittelbar in den europäischen Entscheidungsprozess einfließen. Der Ausschuss besteht aus 222 Vertreter der Kommunen und Regionen aus den Ländern der Gemeinschaft, die der EU-Ministerrat auf Vorschlag der EU-Staaten ernennt. In diesem Ausschuss stellen die deutschen Bundesländer, Landkreise, Städte und Gemeinden insgesamt 24 Mitglieder. Davon entfallen 21 Sitze auf Länder- und ganze drei auf kommunale Vertreter.

Zwar will ich nicht verkennen, dass der AdR in einigen Fragen vom *EU-Ministerrat* oder der *Europäischen Kommission* gehört wird. Dies gilt beispielsweise für Fördermaßnahmen in den Bereichen Bildung, Kultur, Beschäftigung oder im Gesundheitswesen. Er ist und bleibt aber eine Institution der EU mit rein beratender Funktion.

Abschließende Erklärung des Föderalismus-Konvents

Vor diesem Hintergrund wird auf Initiative des Schleswig-Holsteinischen Landtagspräsidenten Hans-Werner Arens Ende März 2003 erstmals der von mir bereits erwähnte Föderalismus-Konvent der Präsidenten und der Fraktionsvorsitzenden der deutschen Landesparlamente stattfinden.

Dieser Konvent – und damit komme ich endlich zum Kern meines heutigen Vortrags – ist deshalb so wichtig, weil er eben nicht nur eine Plattform für die die jeweilige Landesregierung tragenden Mehrheitsfraktionen ist, sondern, wie seine Zusammensetzung zeigt, eine Plattform für das gesamte Parlament und damit auch für die Opposition ist. Deshalb ist es gerade aus Sicht der Opposition auch zu begrüßen, dass der Konvent künftig neben dem Bundestag und dem Bundesrat als Plattform der Landtage zu einer ständigen Einrichtung werden soll.

Weil der Konvent gegenwärtig das einzige Gremium ist, in dem auch die parlamentarische Opposition eines Bundeslandes stimmenmäßig vertreten ist, ist es natürlich für unser heutiges Thema, für die Frage nach der Rolle der Opposition, von hohem Interesse, welche Vorschläge der Konvent für die künftige Entwicklung Europas und für die künftige Entwicklung des Föderalismus in Deutschland unterbreitet. Ich möchte deshalb im Folgenden auf den Entwurf einer Abschließenden Erklärung der Länder des Ersten Föderalismus-Konvents mit Stand vom 16. Dezember 2002 eingehen.

Es wird niemanden überraschen, dass der Entwurf, obwohl er in seiner Einleitung ein Bekenntnis zum Föderalismus und zur Europäischen Union enthält, auch die Reformbedürftigkeit des deutschen Föderalismus feststellt. Die abschließende Erklärung weist auch auf den Umstand hin, dass der Art. 23 GG, der Europaartikel, der Mitwirkungsbefugnisse der Länder in Angelegenheiten der EU über den Bundesrat vorsieht, zwar die Position der Landesregierungen stärkt, nicht aber die der Landesparlamente.

Das im Grundgesetz angelegte ausgewogene Verhältnis zwischen dem Bund und den Ländern habe sich im Lauf der letzten Jahrzehnte zu Lasten der Länder verschoben. Die zunehmende Zentralisierung, die Entwicklung zum Exekutivföderalismus und die Verflechtung politischer Entscheidungen gefährdeten Vielfalt und Bürgernähe, demokratische Legitimation sowie Transparenz und Effektivität politischen Handelns. Um dieser Entwicklung entgegen zu wirken, wollen sich die deutschen Landesparlamente für eine Reform des Föderalismus einsetzen.

Nach diesem allgemeinen Bekenntnis setzt die Erklärung dann zum großen Wurf an und stellt folgende Forderungen auf:

- Bei der Reform sei die kompetenzrechtliche Stellung der Landesparlamente als den vom Volk gewählten obersten Organen der politischen Willensbildung zu stärken. Das gelte insbesondere für die Kompetenzen der Länder im Bereich der Gesetzgebung. Reformbedarf bestehe ferner bei den Gemeinschaftsaufgaben und den Finanzbeziehungen zwischen Bund und Ländern.
- Der Konvent soll sich auch zur EU bekennen. Der Entwurf der Abschließenden Erklärung betont die überragende Bedeutung der europäischen Einigung für Sicherheit, Frieden und Wohlstand.
- Er verweist aber auch darauf, dass die Kompetenzverluste der Länder durch die Verlagerung von Hoheitsrechten der Länder auf die EU ein bedenkliches Ausmaß erreicht hätten. Dies würde zur Aushöhlung der eigenstaatlichen Gestaltungsmöglichkeiten der Länder und ihrer Parlamente führen. Das würde durch die Neigung der EU zu übermäßiger Reglementierung noch verstärkt werden.
- Die Erklärung spricht ein weiteres Problem an. Dass nämlich Art. 23 GG zum Ausgleich von Kompetenzverlusten Mitwirkungsbefugnisse der Länder in Angelegenheiten der EU über den Bundesrat vorsieht. Dies stärke zwar die Position der Landesregierungen, nicht aber die der Landesparlamente. Deren Interessen seien in Angelegenheiten der EU durch eigene Mitwirkungsbefugnisse gegenüber den Landesregierungen zur Geltung zu bringen.
- Schließlich seien weitere wirksame Vorkehrungen zum Schutz der Rechte der Länder auch auf Ebene der EU zu treffen. Dieses gelte nicht allein für die deutschen Länder. Auch in anderen europäischen Staaten vollzögen sich föderale bzw. dezentrale Entwicklungen. Dem Subsidiaritätsprinzip, verankert in Art. 5 des EG-Vertrages, welches die Bedeutung der regionalen Ebene für die EU anerkennt, müsse durch geeignete rechtliche Regelungen mehr Geltung verschafft werden. Zum letzten Punkt will ich gleich anmerken, dass er sich mit dem Wesen des Bundesstaats überhaupt nicht verträgt. Die Vorstellung „Rechte der Länder auf Ebene der Europäischen Union" unterstellt, dass es sich bei der Bundesrepublik Deutschland eher um einen Staatenbund handelt und nicht um einen Bundesstaat. Er untergräbt im Ergebnis die nationale Identität Deutschlands.

Statt auf Ebene der EU nach mehr Mitwirkungsrechten zu suchen, erscheint es mir daher erfolgversprechender, einen verbesserten Schutz der Rechte der Länder gegenüber der EU durch eine Stärkung des Ausschusses der Regionen oder durch eine weitere Stärkung des Bundesrates zu gewährleisten.

Konkrete Forderungen des Konvents zur Stärkung der Länder und Landesparlamente

Im dritten Teil konkretisiert der Vorschlag für die Abschließende Erklärung des Konvents seine Forderungen im Verhältnis Land zu Bund und EU. Im vierten und letzten Teil tut er dieses im Verhältnis der Landes**parlamente** zu Landesregierung, Bund und EU.

Stärkung der Bundesländer im Verhältnis zum Bund

Zur Stärkung der Länder im Verhältnis zum Bund macht der Konvent fünf Vorschläge.
1. eine umgekehrt konkurrierende (Vorrang-)Gesetzgebung der Länder,
2. weitere Modifikationen bei der konkurrierenden Gesetzgebung des Bundes,
3. die Rückführung von Gesetzgebungskompetenzen an die Länder,
4. eine Reform der Finanzverfassung und
5. den Abbau, die Deregulierung und die Kompensation bei der Mischverwaltung und bei Mischfinanzierungen.

Vorschlag 1: Umgekehrt konkurrierende Gesetzgebung der Länder
Nach bisheriger Rechtslage gilt im Bereich der konkurrierenden Gesetzgebung, dass die Länder die Befugnis zur Gesetzgebung haben, solange und soweit der Bund nicht von seiner Gesetzgebungskompetenz Gebrauch gemacht hat (Art. 72 Abs. 1 GG). Der Bund hat in diesem Bereich das vorrangige Gesetzgebungsrecht, wenn und soweit die Herstellung gleichwertiger Lebensverhältnisse im Bundesgebiet oder die Wahrung der Rechts- und Wirtschaftseinheit im gesamtstaatlichen Interesse eine bundesgesetzliche Regelung erforderlich macht (Art. 72 Abs. 2 GG). In Art. 74 GG sind die Gegenstände der konkurrierenden Gesetzgebung des Bundes enumerativ aufgezählt. Der Bund hat also nach der geltenden Rechtslage in bestimmten Rechtsgebieten die Kompetenz, diese zu regeln, wenn er es will und es aus gesamtstaatlichen Erwägungen notwendig ist. Hat er es getan, kann der Landesgesetzgeber hier nicht mehr tätig werden.

Der *Vorschlag des Konvents* will dieses System nun *umkehren*. Die Gesetzgebungskompetenz des Bundes soll dahingehend geändert werden, dass in festgelegten Rechtsbereichen Bundesrecht nur solange und soweit gilt, wie die Länder von ihrer Gesetzgebungskompetenz keinen Gebrauch machen. Dies wäre eine „umgekehrt konkurrierende Gesetzgebung der Länder". Landesrecht hätte im Bereich der konkurrierenden Gesetzgebung der Länder Vorrang.

Diese sehr weitgehende Forderung verdient meines Erachtens keine Unterstützung. Die Länderparlamente wären von ihrer Leistungsfähigkeit überhaupt nicht in der Lage, ihrer dann bestehenden Verpflichtungen nachzukommen. Man fragt sich, ob die Verfasser des Entwurfes einen ernsthaften Blick in den Katalog des Art. 74 GG geworfen haben. Gegenstände der konkurrierenden Gesetzgebung sind u.a. das Strafrecht, die Kernenergie oder Gentechnik – um nur einige Beispiele zu nennen.

Auch muss Sachsen-Anhalt ein stärkeres Interesse als andere Länder daran haben, dass in der Gesetzgebung durchaus vorrangig auf die Herstellung gleichwertiger Lebensverhältnisse im gesamten Bundesgebiet geachtet wird. Der in dem Entwurf der Abschlusserklärung enthaltene Vorschlag ist an dieser Stelle offensichtlich vom Gedanken des Wettbewerbsföderalismus der südlichen Bundesländer beseelt. Nur Wettbewerb setzt gleiche Startchancen voraus. Und diese haben die östlichen Bundesländer auf Jahre nicht. Außerdem ist Sachsen-Anhalt schlicht zu klein. Eine solch grundsätzliche Neustrukturierung der Kompetenzverteilung wäre überhaupt nur dann denkbar, wenn alle Länder eine entsprechende Legislativ- und Verwaltungskraft besäßen.

An dieser Stelle könnte ich jetzt eine Länderneugliederung fordern. Die Altmark und Magdeburg zu Niedersachsen, der Rest zum MDR-Land. Das tue ich aber nicht – jedenfalls nicht aufgrund der Vorstellung einer „umgekehrt konkurrierenden Gesetzgebung der Länder". Dieser Vorschlag entspricht nämlich überhaupt nicht dem Wesen des Bundesstaats. Als 1900 das Bürgerliche Gesetzbuch in Kraft gesetzt wurde und die damalige Zersplitterung im Zivilrecht in Deutschland aufhob, war diese Vereinheitlichung ein großer Erfolg für die Nation. Das Rad wieder in die Zeit deutscher Kleinstaaterei zurück zu drehen, wäre falsch. Im übrigen stärkt dieser Vorschlag auch nicht Deutschlands Stellung in der EU.

Vorschlag 2: Modifikation bei der konkurrierenden Gesetzgebung.
Dieser Vorschlag ist insofern vernünftig, weil er unterstellt, dass erste Vorschlag keinen Erfolg hat. Er hat zum Gegenstand, dass der Bund beim Erlass neuer Rechtsvorschriften verstärkt prüfen soll, ob ein Geltungszeitraum angegeben werden kann. Danach träte die Vorschrift automatisch außer Kraft, wenn der Bund nicht nachweist, dass die Regelung weiterhin von ihm getroffen werden muss.

Weiterhin soll der Bund bei der Ausübung seines Gesetzgebungsrechts im Bereich der konkurrierenden Gesetzgebung die Möglichkeit von Öffnungs- und Experimentierklauseln zugunsten der Länder vermehrt prüfen. Außerdem sollte er die im Wege der konkurrierenden Gesetzgebung erlassenen Vorschriften mit dem Ziel überprüfen, ob diese durch Landesrecht ersetzt werden können (Artikel 72 Abs. 3, 125 a Abs. 2 GG).

Ich denke, diese Vorschläge weisen in die richtige Richtung. Allerdings möchte ich in diesem Zusammenhang die Erwartungshaltung ein wenig relativieren und darauf hinweisen, dass durch Änderung der Art. 72 und 74 GG bereits 1994 der Bund an die Länder – jedenfalls auf dem Papier – Gesetzgebungskompetenzen abgegeben hat. Der Katalog des Art. 74 GG wurde zu Lasten des Bundes verkleinert. Dies geschah nicht zuletzt aus dem Grund, den Verlust von Gesetzgebungskompetenzen der Länderparlamente in den davor liegenden Jahren auszugleichen.

Dieser Versuch aus dem Jahr 1994 hat im Ergebnis leider nicht zum Erfolg geführt, was ich anhand eines Beispieles erläutern will: Art. 125 a GG Abs. 2 GG bestimmt, dass Bundesrecht, welches vor der Änderung des Art. 72 GG im Jahre 1994 erlassen wurde, fortgilt, selbst wenn es den verschärften allgemeinen Anforderungen des Art. 72 Abs. 2 GG (neu) nicht mehr entspricht. Der Bund hat das Recht durch Bundesgesetz zu bestimmen, dass dieses fortgeltende Recht durch Landesrecht ersetzt werden kann.

Der Bund hat aber, wie die Erfahrung zeigt, in den vergangenen Jahren keinen starken Drang entwickelt, den Weg dafür von sich aus frei zu machen, dass Bundesrecht in diesen Bereichen durch Landesrecht ersetzt werden kann. Ich halte es deshalb für erforderlich, wenn die Landesregierungen ein Antragsrecht auf Freigabe dieser Gesetzgebungsmaterien für die Ländergesetzgebung erhalten. Damit könnte erreicht werden, dass die vom Bund bereits seit 9 Jahren zugestandenen Korrekturen der Verteilung der Gesetzgebungskompetenzen auch tatsächlich umgesetzt werden. Ein solches Antragsrecht würde zweifellos die Stellung der Länder weiter stärken.

An dieser Stelle könnte auch der Lackmustest gemacht werden, ob die Länder tatsächlich die legislative Kraft haben, hier an die Stelle des Bundes zu treten. Für die Stadtstaaten und kleineren Flächenländer bin ich eher skeptisch.

Vorschlag 3: Rückführung von Gesetzgebungskompetenzen an die Länder.
Der Vorschlag ähnelt dem ersten Vorschlag (umgekehrte konkurrierende Gesetzgebung), nur dass er im System des geltenden Grundgesetzes bleibt. Danach sollen aus Art. 74 GG bestimmte Kompetenzen in Art. 75 GG übergeleitet werden. Im Art. 74 GG ist die konkurrierende Gesetzgebung geregelt ist. Hier stehen also Rechtsbereiche, die der Bund regeln darf, wenn er will und es aus gesamtstaatlichen Erwägungen notwendig ist. Im Art. 75 GG ist hingegen die Rahmengesetzgebung geregelt.

Diese Verlagerung wäre ein echter Fortschritt für die Länder, denn die Rahmengesetzgebung ist darauf beschränkt, für den betreffenden Sachbereich einen allgemeinen Rahmen festzulegen. Der Bund darf also die Materie grundsätzlich nicht erschöpfend regeln, sondern muss die Regelung der Einzelheiten den Landesparlamenten überlassen.

In meinem letzten Satz ist das Wort grundsätzlich versteckt, was heißt, dass in Ausnahmen der Bund auch in der Rahmengesetzgebung in Einzelheiten gehende oder unmittelbar geltende Regelungen treffen darf. Diese Ausnahmen will der Konvent jedoch auch abschaffen.

Ich denke, diese letzte Forderung kann man unterstützen. Sie entspricht Sinn und Zweck der Rahmengesetzgebung, nämlich, dass der Bund den Rahmen vorgibt und die Länder innerhalb dieses Rahmen die für sie optimalen Lösungen finden. – So sollte es übrigens auch im Verhältnis EU und Mitgliedsstaaten sein.

Im übrigen wird die Forderung auf Veränderung des Katalogs der Gesetzgebungskompetenzen in Art. 74 GG wenig Aussicht auf Erfolg haben. Teilweise ist es auch gar nicht auszudenken, was passieren würde, wenn diese Forderung realisiert würde. Ich möchte dies an einem Beispiel erläutern: In Art. 74 Abs. 1 Nr. 24 GG ist die Abfallbeseitigung der konkurrierenden Gesetzgebung des Bundes anheim gestellt. Diese soll nach den Vorstellungen des Erklärungsentwurfs in die Rahmengesetzgebung überführt werden. Vor dem Hintergrund, dass die Abfallbeseitigung schon lange kein Markt mehr ist, der sich auf Landesgrenzen beschränken ließe, möchte ich mir die Wettläufe um möglichst geringe Abfallbeseitigungsstandards im Rahmen des Rahmengesetzes zwischen den Bundesländern zwecks Schaffung von Standortvorteilen gar nicht vorstellen. Dabei möchte ich allerdings grundsätzlich Ausnahmen von solchen Standardvorgaben für den Osten nicht ausschließen. Ich denke hier nur an die Diskussion zur sogenannten „Sonderzone Ost" oder – als aktuelles Beispiel – zur Verlängerung des Verkehrswegebeschleunigungsgesetzes.

Zu allen Vorschlägen zur Übertragung von Gesetzgebungskompetenzen auf die Länder, die alle zu Lasten des Bundes gehen, ist festzustellen, dass im Entwurf der abschließenden Erklärung jegliche Kompensationsangebote an den Bund fehlen. Es ist nicht zu erkennen, dass der Bund einem Reformkonzept zustimmt, dass einseitig zu seinen Lasten geht. Im Entwurf der abschließenden Erklärung werden sehr weitgehende Forderungen aufgestellt, die auf dem Verhandlungswege aber nur durchgesetzt werden könnten, wenn die Länder auch bereit sind zu geben, statt nur zu nehmen. „Do ut des" – der lateinische Rechtsgrundsatz: „Ich gebe, damit du gibst" ist auch Charakteristikum des gegenseitigen Aushandelns im politischen Raum. Aufgrund dieses Mangels möchte ich dem Papier sogar einen unpolitischen Charakter attestieren. Ich denke deshalb, dass hier noch einmal nachgebessert bzw. bei den Forderungen zurückgeschraubt werden muss.

Vorschlag 4: Reform der Finanzverfassung.
Hier wird eine bereits vielfach erhobene Forderung wiederholt: Die Eigenstaatlichkeit der Länder verlangt auch eine ausreichende Finanzausstattung und möglichst eigenständige Finanzquellen.

Vorschlag 5: Abbau, Deregulierung und Kompensation bei der Mischverwaltung und den Mischfinanzierungen
Der Erklärungsentwurf verlangt zu prüfen, ob die Bereiche, die Bund und Länder gemeinsam verwalten und finanzieren, nicht verringert, zumindest aber dereguliert werden sollten. Dieses gelte insbesondere für die Gemeinschaftsaufgaben nach Art. 91a GG. Bei einer Rückführung von Gemeinschaftsaufgaben und sonstigen Mischfinanzierungen (Art. 104 a Abs. 3 und 4 GG) sei eine vollständige, dauerhafte und dynamisierte Kompensation der jetzigen Bundesmittel zu Gunsten der Länder notwendig.

Der letzte Satz macht die Forderung geradezu gefährlich für die Länder, denn er wird ein Einfallstor für den Bund sein, sich aus finanziellen Verpflichtungen zurückzuziehen. Bei den Gemeinschaftsaufgaben nach Art. 91 a GG handelt es sich um den

- Ausbau und Neubau von Hochschulen einschließlich der Hochschulkliniken,
- die Verbesserung der regionalen Wirtschaftsstruktur,
- sowie die Verbesserung der Agrarstruktur und des Küstenschutzes.

Allein im Bereich der Gemeinschaftsaufgaben erhält das Land Sachsen-Anhalt derzeit im Jahr ca. 500 Millionen EURO. Gemeinschaftsaufgaben unterliegen allerdings einer gemeinsamen Rahmenplanung. D.h. der Bund kann hier wie bei der Rahmengesetzgebung weitgehende Vorgaben machen. Es ist aberwitzig anzunehmen, der Bund würde sich in diesen Bereichen noch wie in der Vergangenheit finanziell engagieren wollen, wenn er hierüber nicht gestaltend Politik machen könnte. Mir scheint daher, die letzte Forderung sollte nur sehr zurückhaltend vorgetragen werden.

Stärkung der Bundesländer im Verhältnis zur EU

Zur Stärkung der Bundesländer im Verhältnis zur EU stellt der Erklärungsentwurf vier Forderungen auf:

1. eine Konzentration der EU auf ihre Kernaufgaben,
2. eine präzise Kompetenzabgrenzung zwischen EU und den Mitgliedsstaaten,
3. eine wirksame politische ex-ante Kontrolle zur Sicherung der Kompetenzordnung und
4. ein Klagerecht für Länder und Regionen sowie für den Ausschuss der Regionen vor dem Europäischen Gerichtshof.

Vorschlag 1: Der Konzentration der EU auf ihre Kernaufgaben.
Diese Forderung ist sicher richtig. Im Entwurf wird zurecht ausgeführt, dass sich eine wesentlich erweiterte und heterogene EU auf die wirklichen europäischen Herausforderungen beschränken muss, wenn sie handlungsfähig bleiben will. Allein, es steht nicht in der Macht der Bundesländer, dieses Prinzip durchzusetzen.

Vorschlag 2: Präzise Kompetenzabgrenzung zwischen EU und den Mitgliedsstaaten
Dieser Vorschlag bezieht sich auf den Europäischen Verfassungskonvent. Am 15. Dezember 2001 einigten sich die fünfzehn Staats- und Regierungschefs und ihre Außenminister auf dem EU-Gipfel in Schloss Laeken bei Brüssel auf die Gründung eines Konvents, der Vorschläge für eine Reform der EU, ihrer Struktur, ihrer Institutionen und ihrer Verfassung ausarbeiten soll. Wenn in einem Verfassungsvertrag – so die Vorstellung des Erklärungsentwurfs – „eine präzise europäische Kompetenzordnung verankert wird, in der die Zuständigkeiten der EU eindeutig festgelegt und begrenzt werden", so ist dieses zu begrüßen. Und es ist auch richtig, dass „Richtschnur für die Zuordnung der Kompetenzen die Grundsätze der Subsidiarität und der Verhältnismäßigkeit, das Prinzip der begrenzten Einzelermächtigung der EU, sowie die Verpflichtung sein muss, die nationale Identität und den innerstaatlichen Aufbau ihrer Mitgliedsstaaten zu respektieren."

Allerdings ist auch hier wiederum zu bedenken, dass die Länder im EU-Konvent nur über den Bundesrat, die – wie erwähnt – ein Bundesorgan ist, an der europäischen Verfassungsdiskussion beteiligt sind. Hier ist also der Bund, der nach der Rechtsprechung des Bundesverfassungsgerichts nach außen Treuhänder für die Bundesländer ist, von Verfassungswegen in der Pflicht, die Länderinteressen nachhaltig zu vertreten.

Vorschlag 3: Die wirksame politische ex-ante-Kontrolle zur Sicherung der Kompetenzordnung.
Hier schwebt den Verfassern des Erklärungsentwurfs eine „Kompetenzkammer" aus Mitgliedern des Europäischen Parlaments sowie der nationalen und regionalen, sprich Landesparlamente, vor, welche in der Entstehungsphase von Rechtsakten der EU die Einhaltung der Kompetenzordnung und des Subsidiaritätsprinzips überwachen soll. Diese Idee kollidiert wieder mit der Natur des Bundesstaates Bundesrepublik Deutschland. Es dürfte auch klar sein, dass eine solche Kammer zur Transparenz und Effektivität der Rechtsetzung in der EU – was der Entwurf der Abschlusserklärung ja auch befördern will, eher Nachteiliges beitragen würde. Ich würde ihr nicht folgen. Eher sollte das zurzeit im Rahmen des europäischen Verfassungskonventes diskutierte Frühwarnsystem nicht nur den Bundestag, sondern auch den Bundesrat mit einbeziehen. Hierdurch wären die Länder an einer ex-ante Kontrolle beteiligt.

Nach dem Frühwarnsystem sollen zur Sicherstellung des Grundsatzes der Subsidiarität Regelungsvorhaben der EU den nationalen Parlamenten mit einer sechswöchigen Einspruchsfrist vorab zur Kenntnis gegeben werden. Legt ein nationales Parlament gegen ein Regelungsvorhaben der EU Einspruch ein, ist es berechtigt, vor dem Europäischen Gerichtshof die Einhaltung des Grundsatzes der Subsidiarität überprüfen zu lassen, d.h. es wird geprüft, ob die Regelungssetzungskompetenz nicht auch bei den nationalen oder regionalen Parlamenten verbleiben könnte.

Nach dem gegenwärtigen Diskussionsstand soll das Einspruchsrecht in Mitgliedsstaaten der EU, die zwei Gesetzgebungskammern besitzen, beiden Kammern zustehen. Im Verständnis der EU handelt es sich beim Bundesrat um eine Kammer in diesem Sinne, obwohl er von Verfassungswegen natürlich keine „Länderkammer" ist. In jedem Fall erschiene mir diese Form der Einbeziehung der Länder in eine ex-ante-Kontrolle erfolgsversprechender.

Vorschlag 4: Klagerecht für Länder und Regionen sowie für den Ausschuss der Regionen vor dem Europäischen Gerichtshof.
Diesbezüglich hat sich der Landtag von Sachsen-Anhalt mit den Stimmen der SPD-Landtagsfraktion schon positioniert. In seinem Beschluss zum Europäischen Verfassungskonvent, der auf einen von der Fraktion der SPD erarbeiteten Antrag zurück geht, fordert der Landtag u.a.:

– den Ausschuss der Regionen, als ein *Organ* der EU zu konstituieren,
– dem Ausschuss der Regionen ein über sein Beratungsrecht hinausgehendes verbindliches Mitwirkungsrecht in jenen Politikfeldern einzuräumen, die direkte Auswirkungen auf die Regionen und Gemeinden haben,
– den regionalen Gebietskörperschaften mit Legislativrecht – also den Ländern – bei Betroffenheit in eigenen Rechten ein eigenständiges Klagerecht vor dem Europäischen Gerichtshof zu gewähren, sowie
– dem Ausschuss der Regionen das Recht einzuräumen, bei Rechtsakten der EU über die Einhaltung der Subsidiarität zu wachen und diese gerichtlich verteidigen zu können.

Ich persönlich bin skeptisch, ob sich diese Vorschläge bei den Beratungen über die europäische Verfassung durchsetzen lassen. Wie gesagt, die Diskussion auf europäischer Ebene bewegt sich eher in Richtung des von mir eben skizzierten Frühwarnsystems.

Soweit zu den Vorschlägen, die die Länder im Verhältnis zum Bund und zur EU stärken sollen. Ich bleibe bei der Einschätzung: Weil der Bund die Bundesrepublik Deutschland nach außen gegenüber der EU vertritt, sind die Länder nur so stark, wie sie sich auf Bundesebene über Bundesorgane einbringen können. Der erfolgversprechendere Weg wird sein, Wege im bundesstaatlichen Gefüge Deutschlands zu finden, mit denen Länderinteressen über

Bundesrat und Bundesregierung bestmöglich in europäische Prozesse eingespeist werden, statt eigene Rechte gegenüber der EU zu suchen.

Stärkung der Landesparlamente

Ich komme jetzt zur Stärkung der Landesparlamente. Dieser Punkt ist für eine Oppositionsfraktion natürlich von entscheidender Bedeutung. Denn die Opposition kann nur so stark sein, wie der Landtag stark ist.

Zur Stärkung der Landesparlamente wird erstens eine Mitwirkung der Landesparlamente in Bundesratsangelegenheiten und bei Vorhaben der EU von für das Land herausragender Bedeutung vorgeschlagen. Weiterhin wird eine Mitwirkung der Landesparlamente in Bundesratsangelegenheiten gefordert, die die Gesetzgebungszuständigkeiten der Länder wesentlich berühren. Dieses soll sowohl in Bezug auf den Bund als auch auf die EU gelten. Drittens soll die Übertragung von Hoheitsrechten auf den Bund oder die EU nur mit Zustimmung einer Mehrheit der Landesparlamente möglich sein. Im wesentlichen würde mit der Realisierung dieser Vorschläge das durch Art. 23 GG konstituierte Verhältnis zwischen Bundesregierung einerseits und Bundestag und Bundesrat andererseits in EU-Angelegenheiten auf das Verhältnis zwischen Landesregierungen und Landtage, soweit es um EU- und Bundesratsangelegenheiten geht, übertragen.

Ich will diese Vorschläge näher erläutern:

Vorschlag 1: Mitwirkung der Landesparlamente in Bundesrats- oder EU-Angelegenheiten mit herausragender Bedeutung für das Land
Hierunter versteht der Konvent, dass die Landesregierungen zum frühest möglichen Zeitpunkt die Landesparlamente über alle Bundesratsangelegenheiten oder Vorhaben im Rahmen der EU zu unterrichten haben, die für das Land von herausragender politischer Bedeutung sind und wesentliche Interessen des Landes unmittelbar berühren. Die Landesregierungen sollen den Parlamenten Gelegenheit zur Stellungnahme geben und die Stellungnahmen der Landesparlamente berücksichtigen.

Vorschlag 2: Mitwirkung der Landesparlamente in Angelegenheiten, die die Gesetzgebungszuständigkeiten der Länder wesentlich berühren
Dieser Vorschlag ähnelt dem ersten Vorschlag. Er betont besonders, dass in Bundesrats- oder EU-Angelegenheiten, die *Gesetzgebungs*zuständigkeiten der Länder wesentlich berühren, die Landesregierungen Stellungnahmen der Landesparlamente zu berücksichtigen haben.

Vorschlag 3: Übertragung von Hoheitsrechten auf den Bund oder EU nur mit Zustimmung einer Mehrheit der Landesparlamente.
Hiernach soll es, soweit ein Gesetz Zuständigkeiten der Länder auf den Bund oder die EU überträgt, auch der Zustimmung der Mehrheit der Landesparlamente bedürfen. Dieser Vorschlag ist ein wirklicher „Knaller". Vor dem Hintergrund, dass der Bundesrat schon das eine oder andere mal als Blockadekammer missbraucht wurde, verbietet es sich eigentlich, Gesetzgebungsverfahren in Deutschland noch mehr zu komplizieren. Deutschland würde noch *reformfeindlichere* Entscheidungsprozesse bekommen, als sie heute schon vielfach beklagt werden. Auch ist der Vorschlag nicht in Einklang zu bringen, mit von den von der Erklärung selbst postulierten Zielen der Rückgewinnung von Transparenz in Entscheidungsprozessen.

Es ist heute schon bedrückend, wie die verschiedenen Ebenen die Verantwortung für Missstände hin- und herschieben. Die Kommunen beklagen sich über das Land, das Land über den Bund, dieser schiebt den schwarzen Peter an die EU oder wer weiß wohin weiter. Verantwortlichkeiten sind aber wenigstens in unserem bundesstaatlichen Gefüge klar auf einer Ebene anzusiedeln, damit der Souverän, also das Volk, bei Wahlen eine tragfähige Grundlage für seine Wahlentscheidung hat.

Es darf nicht sein, dass politische Verantwortlichkeit in komplizierten Entscheidungsfindungsprozessen zwischen den Ebenen hin und her geschoben wird. Deshalb lehne ich den Vorschlag ab, mit bestimmten Bundesgesetzen auch noch die Landesparlamente zu beschäftigen. Er widerspricht auch dem Wesen des Bundesstaats. Ich will an dieser Stelle nur bemerken, dass die meisten Vorschläge in dieser Richtung in Berichten von Enquete-Kommissionen in Bayern und Hessen zu finden sind.

Die ersten beiden Vorschläge haben aber meine Unterstützung. Sie beziehen sich auf die Verfassungslage in Baden-Württemberg und zwar auf Art. 34a Abs. 1 und 2 baden-württembergische Verfassung, welche lauten:

„(1) Die Landesregierung unterrichtet zum frühestmöglichen Zeitpunkt den Landtag über alle Vorhaben im Rahmen der Europäischen Union, die für das Land von herausragender politischer Bedeutung sind und wesentliche Interessen des Landes unmittelbar berühren, und gibt ihm die Gelegenheit zur Stellungnahme.
(2) Bei Vorhaben, die Gesetzgebungszuständigkeiten der Länder wesentlich berühren, berücksichtigt die Landesregierung die Stellungnahmen des Landtags. Entsprechendes gilt bei der Übertragung von Hoheitsrechten der Länder auf die Europäische Union."

Ich wäre durchaus geneigt, diese Gedanken der Baden-Württembergischen Verfassung auch für Sachsen-Anhalt aufzugreifen und entsprechende Regelungen im Land zu initiieren.

Bisher ist für Sachsen-Anhalt in Artikel 62 unserer Landesverfassung generell die Informationspflicht der Landesregierung geregelt. Dazu zählt auch die *rechtzeitige* Unterrichtung über Angelegenheiten der Europäischen Gemeinschaften, soweit sie für das Land von grundsätzlicher Bedeutung sind.

In der Tat würde es den Landtag und damit insbesondere die Opposition stärken, wenn auch in Sachsen-Anhalt der Landtag nicht nur *rechtzeitig*, sondern zum *frühestmöglichen Zeitpunkt* über Angelegenheiten der EU durch die Landesregierung unterrichtet werden würde und – noch wichtiger – wenn ihm von der Landesregierung Gelegenheit zur Stellungnahme gegeben würde. Diese müsste dann auch tatsächlich in die Entscheidungsfindung der Landesregierung in Bezug auf ihr Verhalten im Bundesrat einfließen.

Dies würde vor allem den Europaausschuss institutionell stärken, der an dieser Stelle besonders gefordert wäre. In der letzten Legislatur wurde bekanntlich im Landtag von Sachsen-Anhalt auf die Einsetzung eines Europaausschusses verzichtet, weil der DVU der Vorsitz zugestanden hätte. So etwas darf nicht wieder vorkommen – weder der Einzug einer rechtsradikalen Partei in den Landtag noch eine solch stiefmütterliche Behandlung des Europaausschusses.

Der Europaausschuss leistet eine umfassende Arbeit. Als Beleg will ich hier einen Blick auf die Tagesordnung der letzten Sitzung des Europaausschusses am 9. Januar 2003 anführen.

Auf der Tagesordnung stand:

1. Stand und Fortgang der Verhandlungen zum europäischen Verfassungsvertrag
2. Modernisierung der bundesstaatlichen Ordnung
3. Sachsen-Anhalt Konvent – Unsere Zukunft in Europa
4. Interregionale Zusammenarbeit und
5. EU-Gipfel in Quedlinburg

Sie sehen, es passiert etwas in Sachen Europa in Sachsen-Anhalt. Und die SPD-Landtagsfraktion arbeitet als Oppositionsfraktion hieran aktiv mit. Wie ich schon eingangs erwähnte, werden die meisten Fragestellungen in der Europapolitik in Sachsen-Anhalt im parteienübergreifenden Konsens entschieden.

Zurück zur Beteiligungsproblematik: Natürlich ist mir das *Zeitproblem* bei der Beteiligung des Landtages bei Angelegenheiten der EU und des Bundesrates bekannt. Es wird häufig kaum möglich sein, dass der Landtag als Ganzes sich dem Beratungsrhythmus des Bundesrates anpasst. Zumal der Landtag höchstens einmal im Monat tagt.

Hier würde ich auf eine Regelung in § 25 Absatz 3 der Geschäftsordnung des Landtages von Nordrein-Westfalen zurückgreifen wollen, nach der in den Fällen, in denen bei EU-Angelegenheiten eine rechtzeitige Beschlussfassung des Landtags nicht möglich ist, der Europaausschuss anstelle des Landtags einen Beschluss fassen kann. Das Plenum wird dadurch nicht ausgehebelt, denn die Beschlüsse sind dem Landtag zur Kenntnis zu bringen und auf Antrag einer Fraktion können diese Beschlüsse nachträglich vom Landtag aufgehoben werden. Weiterhin gewährleistet eine solche Regelung eine der Leistungskraft

unseres Landtages angemessene tatsächliche Einbringungsmöglichkeit in Fragestellungen der EU, soweit sie vom Bundesrat behandelt werden.
Ich würde es auch sehr begrüßen, wenn der in Art. 62 Abs. 3 Landesverfassung Sachsen-Anhalt enthaltene Auftrag – nämlich eine einfachgesetzliche Regelung über die Informationspflichten der Landesregierung – endlich mit Leben erfüllt wird. Bisher ist dieser Verfassungsauftrag noch nicht erfüllt. Vielmehr versucht der Landtag zur Zeit auf untergesetzlicher Ebene eine schriftliche Vereinbarung zwischen Landesregierung und Landtag über Verfahren und Umfang der Informationspflicht der Landesregierung anzustreben. Dieses genügt den Vorgaben der Landesverfassung allerdings nicht und es ist vornehmste Pflicht einer Oppositionsfraktion, auf die Einhaltung der Verfassung in den Bereichen, wo es um das Verhältnis Exekutive Legislative geht, besonders zu achten. Regierungsfraktionen sind hier meist zurückhaltender.

Schlussbemerkung

Ich habe versucht, anhand des Entwurfs der Abschließenden Erklärung des Föderalismus-Konvents der Präsidenten und der Fraktionsvorsitzenden der deutschen Landesparlamente eine realistische Einschätzung der Rolle der Landesparlamente im europäischen Integrationsprozess zu geben. Für Oppositionsparteien ist strukturell von großer Bedeutung, dass die Landesparlamente einen größeren Einfluss auf diesen Prozess haben. Denn die Stunde der Opposition schlägt meistens im Parlament. Nüchtern bleibt festzustellen, dass die Einflussmöglichkeiten einer Oppositionsfraktion eines deutschen Landtages auf den europäischen Integrationsprozess eher gering sind. Erfolgreicher sind für uns als Opposition in Sachsen-Anhalt die mehr informellen Wege über politische Freunde in Berlin oder Brüssel.

*Rainer Robra**

Sachsen-Anhalts Zukunft in einem sich vereinigenden Europa

1. Einleitung

Europa durchdringt unser Leben immer mehr – mal mehr, mal weniger deutlich. Durch diese Vorlesungsreihe wird ein Beitrag geleistet, Europa ins öffentliche Bewusstsein zu rücken, über aktuelle Fragestellungen ins Gespräch zu kommen. In den bisherigen Veranstaltungen sind verschiedene Aspekte europäischer Politik in den Mittelpunkt gerückt worden. Ich denke, es ist gut, wenn ich als letzter Vortragender diese einzelnen Punkte zusammenführe, denn die Antwort auf die Frage nach der Zukunft Sachsen-Anhalts in einem sich vereinigenden Europa ist gleichsam die Summe der Antworten auf die bisher aufgeworfenen Fragen.

Zwei große Themen werden in dem vor uns liegenden Jahr im Zentrum der Europapolitik des Landes stehen:

- Das eine Thema ist die Debatte um die Zukunft der EU. Schon längere Zeit wird über Reformen der europäischen Institutionen diskutiert, die dazu beitragen sollen, die EU auch weiterhin handlungsfähig zu halten. Diese Debatte wurde mit dem Europäischen Konvent auf eine institutionelle Grundlage gestellt. Der Konvent soll bis zum Juni diesen Jahres einen Entwurf für eine Europäische Verfassung erarbeiten.
- Das zweite europäische Thema dieses Jahres ist die Erweiterung der Europäischen Union um zehn Staaten Ost- und Südeuropas, die mit der Unterzeichnung des entsprechenden Vertrages im April in Athen fixiert wird. Sie soll nach Ratifikation der Verträge durch alle Mitgliedstaaten (und Referenden in allen Beitrittsstaaten bis auf Zypern) zum 1. Mai 2004 wirksam werden.

Durch die Erweiterung wächst die EU flächenmäßig um 738.300 km², also um knapp 25%. Die Zahl ihrer Einwohner erhöht sich um reichlich 75 Mio. auf über 450 Mio., also mehr als die USA und Russland zusammen haben. Damit entsteht einer der größten und leistungsstärksten Wirtschaftsräume der

---

* Gehalten am 20. Januar 2003.

Welt, das internationale Gewicht Europas wird sich ohne Zweifel erhöhen, und zwar wirtschaftlich wie politisch.

Im europäischen Integrationsprozess ist die Erweiterung um die mittel- und osteuropäischen Staaten die zentrale Aufgabe schlechthin und zugleich die größte Herausforderung seit Überwindung des Ost-West-Konflikts. Durch die Erweiterung der Europäischen Union wird der bisherige Bestand an EU-Recht, darunter die in den europäischen Verträgen garantierten Grundfreiheiten, in allen Beitrittsstaaten gelten. Sachsen-Anhalt ist durch traditionelle Kontakte, z.B. das schon früh weit nach Osteuropa ausgreifende Magdeburger Recht, später die engen Wirtschaftsbeziehungen im Rahmen des RWG/COMECON, aber auch durch viele gemeinsame historische Erfahrungen mit den Beitrittsländern verbunden. Die Unterstützung der EU-Erweiterung ist daher für unser Land auch ein Ausdruck der Solidarität mit jenen Staaten, die die Deutsche Einheit maßgeblich mit ermöglicht haben. Wir sind dies Tschechien, Polen und Ungarn schuldig.

2. Bestandsaufnahme

Die Erweiterung ist für Sachsen-Anhalt Chance und Herausforderung zugleich. Für Sachsen-Anhalt ist der anstehende Erweiterungsprozess nicht der erste. Schließlich waren wir 1990 selbst eine Art Beitrittsland, als wir im Zuge der Wiedervereinigung Deutschlands mit den übrigen neuen Bundesländern Teil der EU wurden. Wir haben das umfangreiche rechtliche Regelungswerk der EU übernommen, vielleicht schneller als es uns gut getan hat. Wichtiger aber ist, dass unser Land viel Unterstützung und Förderung durch die EU erhalten hat, um den wirtschaftlichen Umstrukturierungs- und Aufholprozess besser bewältigen zu können. Statistiken über die Zahl der Arbeitsplätze, die in Sachsen-Anhalt durch Fördermaßnahmen der EU neu geschaffen oder gesichert worden sind, mögen nicht immer exakt sein (1994-1999 über 60.000 Arbeitsplätze, davon knapp 40 Prozent neu geschaffen). Man kann aber sicher sagen, dass ohne die Unterstützung Europas eine so weitreichende Modernisierung unserer Wirtschaft, ja der gesamten Infrastruktur des Landes nicht möglich gewesen wäre. Und diese Entwicklung geht weiter. Erst im vergangenen Jahr beispielsweise hat die EU-Kommission mit ihrem „Ja" zu staatlichen Beihilfen die Realisierung des Zellstoffwerkes Arneburg ermöglicht, das mehrere Hundert Arbeitsplätze in der strukturschwachen Altmark schaffen wird, um nur einen Fall der in der Öffentlichkeit bekannt gewordene Fälle zu erwähnen. Auch die Landwirtschaft in Sachsen-Anhalt und unsere Nahrungsmittelindustrie wären heute ohne die EU-Förderung gewiss nicht auf dem hohen und wettbewerbsfähigen Niveau, das weltweit keine Konkurrenz fürchten muss.

Die Nutzeffekte der europäischen Integration für Sachsen-Anhalt sind auch hinsichtlich des Außenhandels nicht zu übersehen. Im Jahre 2001 umfassten die Ausfuhren in die EU-Länder 4,45 Mrd. DM und damit über 51% der gesamten Exporte. Ich hoffe, dass die im Gegensatz zu Deutschland in vielen EU-Staaten günstigere Konjunktursituation eine Fortsetzung dieser Entwicklung ermöglicht.

Aber auch die Länder, die im kommenden Jahr der EU beitreten werden, nehmen in der Außenhandelsstatistik des Landes schon jetzt einen festen Platz ein. Im Jahre 2001 konnte der Export gegenüber dem Vorjahr z.T. deutlich gesteigert werden, so vor allem mit Polen (+ 33,9%), Ungarn (+ 121,4%), Tschechien (+ 6,6%), der Slowakei (+ 44,1%), Slowenien (+ 12,7%) sowie den baltischen Staaten Litauen (+ 67,5%) und Lettland (+ 7,1%). Das Wachstum und die weitere Stabilisierung der politischen und wirtschaftlichen Rahmenbedingungen in diesen Ländern schaffen die Voraussetzung für weiter steigende Ausfuhren aus Sachsen-Anhalt. Die Bemühungen der letzten Jahre, die Geschäftskontakte in die Mittelosteuropäischen (MOE-)Staaten zu erhalten und wieder zu intensivieren, sind zunehmend von Erfolg gekrönt. Tschechien und Polen gehören inzwischen zu unseren wichtigsten Außenhandelspartnern. Nach Italien und den Niederlanden belegt bei den Gesamtausfuhren aus Sachsen-Anhalt Tschechien mit einem Anteil von 7,7% den dritten Platz, Polen mit 7,6% nur knapp dahinter Platz 4.[1]

Sachsen-Anhalt unterhält eine Reihe von interregionalen Kontakten mit den Beitrittsländern. Dazu zählen wir u.a.:

- bi- bzw. multilaterale Partnerschaften zu verschiedenen Ländern bzw. Regionen in Mittel- und Osteuropa (z.B. Regionalpartnerschaft des Landes mit dem Gebiet Plovdiv (Bulgarien), „Gemeinsame Erklärungen über die Zusammenarbeit" im Landwirtschafts- bzw. Wirtschaftsbereich mit Litauen, Ungarn, der Slowakei, Aufbau eines „Netzwerkes von Chemieregionen" vorzugsweise mit Polen und Tschechien etc.),
- multilaterale Kooperationsprojekte mit west- und osteuropäischen Partnern (z.B. die Entwicklung von Regionalen Innovationsstrategien [RIS] in Tschechien und Ungarn auf der Basis der Erfahrungen der RIS Halle-Leipzig-Dessau oder in Plovdiv [Bulgarien] auf der Basis der RIS Altmark Harz Magdeburg [RIS RAHM]),
- das Kontaktbüro des Landes in Tallinn (Estland),
- die Begegnungsstätte in Plovdiv (Bulgarien),
- die Entsendung von Landesbediensteten als Mittel- bzw. Langzeitexperten im Rahmen so genannter Twinning-Projekte in die Beitrittskandidatenländer (z.B. nach Estland, Litauen, Ungarn, Polen, Tschechien und Rumänien),

---

1   Ministerium für Wirtschaft und Arbeit, Statistisches Landesamt Sachsen-Anhalt

- die Entsendung von Experten im Rahmen der Vereinbarung mit der Gesellschaft für technische Zusammenarbeit (GTZ),
- die Hospitation von Verwaltungsmitarbeitern aus den Partnerregionen im Verbindungsbüro des Landes in Brüssel,
- Hospitationen von Richtern und Staatsanwälten im Rahmen der Unterstützung der Staaten Mittel- und Osteuropas beim Aufbau ihrer Rechtsordnungen bei Justizbehörden im Land Sachsen-Anhalt in Zusammenarbeit mit der Deutschen Stiftung für Internationale Rechtliche Zusammenarbeit e.V.

Darüber hinaus wurde mit Litauen zusätzlich eine spezielle Erklärung zur Zusammenarbeit im Veterinärbereich unterzeichnet. In einer Gemeinsamen Erklärung mit dem Ministerium für Bodenwirtschaft der Slowakei wurde als fachliche Schwerpunkte der Zusammenarbeit u.a. genannt: Aufbau des Agrarmarketings in der Slowakischen Republik, weitere Ausgestaltung der Lebensmittelüberwachung und -kontrolle sowie Unterstützung beim Aufbau der Tierseuchenkasse mit Hilfe des Landes Sachsen-Anhalt, insbesondere bei der Schaffung der gesetzlichen, organisatorischen und technischen Voraussetzungen.

Bisherige Schwerpunkte einer Gemeinsamen Erklärung mit Ungarn waren neben generellen Aspekten der landwirtschaftlichen Umstrukturierung Fragen der landwirtschaftlichen EU-Fördersysteme und deren praktische Umsetzung in Sachsen-Anhalt sowie der Ernährungswirtschaft und des Veterinärwesens.

Darüber hinaus gibt es eine Vielzahl von Hochschulkontakten und kommunalen Partnerschaften in die zukünftigen EU-Mitgliedstaaten, die aufzuzählen den Rahmen dieser Veranstaltung sprengen würde. Durch das Engagement der Initiatoren werden diese Beziehungen immer wieder mit neuem Leben erfüllt.

Dies alles zeigt: Sachsen-Anhalt ist fest eingebunden in Europa und profitiert von der europäischen Integration.

Trotz der evident positiven Fakten finden jedoch nach neuesten Umfragen nur 50% der Befragten in Ostdeutschland, dass die Mitgliedschaft in der EU eine gute Sache sei (dies sind 2 Prozentpunkte mehr als bei der vorangegangenen Umfrage). In Westdeutschland sagen dies demgegenüber 61%. Über ein Drittel (38%) der Ostdeutschen hält die EU-Mitgliedschaft sogar ausdrücklich für eine schlechte Sache.[2] Hier bestehen Aufklärungsdefizite, denen wir abhelfen müssen.

---

2 Eurobarometer 58. Erste Ergebnisse. Befragungszeitraum 01.10.-05.11.2002

3. Die Erweiterung der EU – Auswirkungen für unser Land

Mit der Erweiterung der EU rückt Sachsen-Anhalt noch mehr in die Mitte Europas. Alle bedeutenden Wirtschaftszentren liegen in einem Umkreis von weniger als 1.000 Kilometern. Das ist die Chance für unser Land. Gerade die traditionellen Beziehungen zu den osteuropäischen Staaten können hier von Vorteil sein.

Informationsstand der Bevölkerung

Was wissen die Menschen über die Erweiterung? Die gute Nachricht vorweg: Im November 2002 haben immerhin 87% der Deutschen schon davon gehört, dass die EU um zusätzliche Mitglieder erweitert werden soll. Damit liegen wir allerdings nur knapp über dem EU-Durchschnitt (82%). Danach beginnen die weißen Flecke, wird Europa zur terra incognita. Gebeten, drei der Beitrittskandidaten zu benennen, konnten dies nur 44% der befragten Deutschen korrekt beantworten, 26% konnten keines der dreizehn Kandidatenländer aufzählen (= 7% weniger als im September 2002). Am häufigsten wurden Polen (54% der Antworten), Tschechien (36%) und die Türkei (29%) genannt. Bulgarien (2%), Zypern (1%) und Malta (0%) kennt als Beitrittskandidaten kaum jemand. Männer waren hier EU-weit kundiger als Frauen (1,7 richtige Antworten gegenüber 1,0 bei Frauen). Ältere wissen besser Bescheid als Jüngere (je 1,5 in den Altersklassen 40-54 Jahren und 55+, dagegen 1,3 bei den 25-39jährigen und 0,9 bei den 15-24jährigen).

Befragt nach dem Jahr des Beitritts der ersten der Kandidatenländer, gaben EU-weit 31% mit 2004 die korrekte Antwort, in Deutschland waren es 39% (Vergleich: Spitzenreiter Luxemburg 47%, Österreich 45% und Dänemark 44%). Hier wiederum wusste die Jugend EU-weit am besten Bescheid (34% der 15-24jährigen; 29% der über 55jährigen).[3]

Es mag trösten, dass wir uns mit diesen Ergebnissen im oberen Drittel in der EU bewegen, befriedigen indes kann es nicht. Die Ergebnisse zeigen, dass auch hier noch jede Menge Informationsarbeit zu leisten sein wird. Was wir als Landesregierung dazu beitragen können, darauf komme ich später zu sprechen.

Das Wissen über die Erweiterung ist die eine Seite, die andere ist (unabhängig von den Kenntnissen) die Einstellung zur Erweiterung, die Erwartungshaltung der Menschen.

---

3 Flash-Eurobarometer 132/2, November 2002, Befragungszeitraum 11.-20.11.2002

Erwartungen der Menschen

Die Befürworter einer Erweiterung sind unter den Befragten in der deutlichen Mehrheit. EU-weit beträgt die Zustimmungsrate 65%, in Deutschland 64%. Auch hier führen die Jüngeren, was die Zustimmung anbelangt (75% der 15-24jährigen, 70% der 25-39jährigen, 65% der 40-54jährigen und 60% der über 55jährigen). Ebenso sprechen sich Personen mit längerer (und mutmaßlich besserer) Ausbildung eher für die Erweiterung aus.[4]

Als wichtig für das eigene Land schätzen 70% der EU-Bürger insgesamt und 72% der Deutschen die Erweiterung ein. Deutlich geringer schätzen die Befragten die Wichtigkeit für sich persönlich ein (EU: 50%, D 37%).

Als positivste Auswirkung der EU-Erweiterung erwartet eine deutliche Mehrheit der Deutschen wie auch der EU-Bürger (jeweils 80%), dass die EU eine wichtigere Rolle in der Welt übernehmen wird. Für ebenfalls weit mehr als die Hälfte (D: 75% [= Spitzenplatz]; EU: 69%) wird das Risiko von Krieg und Konflikten in Europa durch eine Erweiterung reduziert. Eine kulturelle Bereicherung durch den Beitritt weiterer Länder zur EU erwarten 85% der Deutschen; dies liegt über dem Durchschnitt der EU (78%).

Der Aussage, dass mit der Erweiterung die einheimischen Unternehmen neue Absatzmärkte erschließen können, stimmen 81% der befragten Deutschen zu, weniger als der EU-Durchschnitt (84%).[5]

Den positiven Erwartungen stehen eine Reihe von Befürchtungen entgegen. So glauben 77% der Deutschen, dass es mit zusätzlichen Mitgliedstaaten sehr viel schwieriger werde, Entscheidungen auf Europäischer Ebene zu treffen. EU-weit erwarten dies 76%.[6] Jeweils 55% der Deutschen und der EU-Bürger insgesamt erscheint folgerichtig eine Reform der Arbeitsweise der EU-Institutionen notwendig, bevor neue Mitglieder aufgenommen werden.[7] Ein Ansteigen von Kriminalität und Drogenschmuggel befürchten 67% der Deutschen (EU-weit: 61%).[8]

Mit dem Beitritt neuer Länder zur EU erwarten 57% der Deutschen weniger finanzielle Hilfen von der EU für Deutschland. Der deutlichste Unterschied in den Antworten zwischen Deutschen und den Bürgern der übrigen EU-Staaten ergibt sich auf die Frage nach der erwarteten Entwicklung der Arbeitslosigkeit im jeweils eigenen Land. Während 44% der Befragten EU-weit der Meinung sind, dass mit steigender Zahl der EU-Mitgliedstaaten die

---

4   Ebenda, lt. Eurobarometer 58 sprach sich nur eine relative Mehrheit für eine Erweiterung der EU aus (Gesamt-D: 46%; West: 46%, Ost: 45%). Nur in Frankreich (41%) und Großbritannien (42%) war die Zustimmungsrate noch geringer. 34% der Deutschen sprachen sich explizit gegen eine Erweiterung aus. Die Unterschiede in den Ergebnissen beruhen auf divergierenden Frageschemen.
5   Flash-Eurobarometer 132/2
6   Ebenda.
7   Eurobarometer 57, Befragungszeitraum 29.03.-28.04.2002
8   Flash-Eurobarometer 132/2

Arbeitslosigkeit in ihrem eigenen Land ansteigen wird, befürchten dies 55% der Deutschen,[9] in Ostdeutschland sogar 59%.[10] Mit einer massenhaften Zuwanderung aus den Beitrittsländern rechnen 65% der EU-Bürger. Die Deutschen sind hier nur unwesentlich skeptischer (67%). Spitzenreiter mit 82% ist erstaunlicherweise Spanien.[11]

Ein Absinken der Sozialstandards erwarten in der EU insgesamt 43%, in Deutschland sind es sogar 59% (Spitzenwert), was angesichts des Gefälles zwischen Deutschland und anderen EU-Staaten gerade auf diesem Felde auch nicht verwundert.

Doch sind diese Erwartungen und Befürchtungen berechtigt? Niemand wird eine Garantie abgeben können, dass negative Begleiterscheinungen der Erweiterung ausgeschlossen sein werden, und immerhin korrelieren die jeweils vorherrschenden Standpunkte mit den ohnehin vorhandenen Stärken und Schwächen der bisherigen Mitgliedstaaten. Die Einstellungen entsprechen insofern weniger den objektiven Gegebenheiten als vielmehr den jeweiligen innerstaatlichen Rahmenbedingungen, und zwar einschließlich der in der nationalen Politik dominierenden Politikfelder, die – wenn man so will – als eine Art Echo in den Umfragen nachhallen. Nüchterne Analysten kommen dagegen überwiegend zu positiven Ergebnissen.

Arbeitsmarkt/Zuwanderung

Verschiedene Gutachten und Studien von Sachverständigen rechnen – insbesondere in den ersten Jahren nach dem Beitritt – durchaus mit einer erhöhten Migration aus den Kandidatenländern in die jetzige EU, kommen aber zu unterschiedlichen Aussagen hinsichtlich des Niveaus der Migrationsbereitschaft sowie zu den Zielen solcher Bewegungen. In einer Studie der Europäischen Kommission über die Auswirkungen der Erweiterung auf Beschäftigung und Arbeitsmarkt in den EU-Mitgliedstaaten[12] wird die anfängliche Nettoimmigration auf rund 335.000 Personen pro Jahr geschätzt. Diese Zahl wird innerhalb eines Jahrzehnts auf unter 150.000 Personen zurückfallen. Dieser Schätzung zufolge wird nach 30 Jahren ein Anteil von 1,1% an der Bevölkerung der heutigen EU Mitgliedstaaten erreicht. Für Deutschland wird in dieser Studie nach Einführung der Freizügigkeit eine Zunahme der Bevölkerung um 220.000 Personen und rund 30 Jahre später ein Anteil der ausländischen Wohnbevölkerung aus den MOE-Staaten von 3,5% erwartet. Das dürfte sich nicht nur verkraften lassen, sondern erscheint vor dem Hintergrund unserer demographischen Probleme als eher positive Tendenz.

---

9 Ebenda.
10 Eurobarometer 57
11 Flash-Eurobarometer 132/2
12 Deutschsprachige Zusammenfassung im Internet unter http://europa.eu.int/comm/dgs/employment_social/enlargement_de.pdf

Der Annahme einer unkontrollierten Migration ist im Rahmen der Beitrittsverhandlungen Rechnung getragen worden mit einer bis zu siebenjährigen Übergangsfrist bei der Arbeitnehmer- und der Dienstleistungsfreizügigkeit. Daneben werden die Beitrittsländer den rechtlichen Besitzstand der EU gerade auch im Sozial- und Beschäftigungsbereich übernehmen, was von der EU sorgfältig kontrolliert wird. Durch die dann gleichen Rahmenbedingungen beim Arbeits-, Gesundheits- und Umweltschutz werden auch in den Beitrittsländern die Lohnkosten ansteigen, was zwischenstaatliche Wettbewerbsverzerrungen zwar nicht verhindert, zumindest aber begrenzt.

Nach übereinstimmender Auffassung der Vertreter von Wirtschaftsforschungsinstituten[13] wird Sachsen-Anhalt im Übrigen eher nicht zu den bevorzugten Migrationszielen osteuropäischer Einwanderer gehören. Man muss aber auch berücksichtigen, dass nach den vorliegenden Erkenntnissen mittel- und osteuropäische Migranten zum Teil über ein hohes Qualifikationsniveau verfügen. Im Zusammenhang mit dem in bestimmten Branchen bestehenden Bedarf an qualifizierten Arbeitskräften kann eine qualifizierte Zuwanderung deshalb auch der Standortsicherung und Arbeitsplatzsicherung in anderen Bereichen hierzulande dienen. So besteht z.B. die Chance, freie Stellen für Ärzte/Ärztinnen in Krankenhäusern und in Arztpraxen, für die seit längerem keine deutschen Berufsangehörigen zu finden sind, mit Berufsangehörigen aus den Beitrittsländern schneller besetzen zu können. Auf diese Weise könnte die ärztliche Versorgung der Bevölkerung verbessert werden.

Wirtschaft

In Bezug auf die Erweiterung sollten wir auch die wirtschaftlichen Vorteile offen ansprechen und sie nicht hinter politischen und moralischen Verpflichtungen verstecken, um deretwillen die Erweiterung realisiert wird. Für die Wirtschaft in Deutschland ist die Erweiterung eine großartige Chance. Der Binnenmarkt wächst – wie erwähnt – auf fast 500 Mio. Menschen an. Der Außenhandel der Beitrittsländer ist bereits jetzt stark auf die EU ausgerichtet. Umgekehrt rangieren auch im Außenhandel Sachsen-Anhalts einige der Beitrittsländer auf den ersten Plätzen.[14]

Gerade im Außenhandel gibt es jedoch noch Potenziale, die von einheimischen Unternehmen noch nicht erschlossen worden sind. Aus diesem Grunde ist auch beim diesjährigen Neujahrsempfang der IHK Magdeburg nachdrücklich dazu aufgefordert worden, an die engen Beziehungen aus DDR-Zeiten anzuknüpfen und die Weltsprache Russisch, die in ganz Osteu-

---

13 Konferenz „EU-Osterweiterung – Herausforderung für Sachsen-Anhalt" am 27.11.2001 in Halle
14 1999 belegte Tschechien den ersten Platz bei den Ausfuhren aus Sachsen-Anhalt; Polen den vierten Platz bei den Einfuhren nach Sachsen-Anhalt. Statistisches Landesamt Sachsen-Anhalt

ropa und vielen Ländern Asiens dominiert, nicht zu vernachlässigen. Und so ist es auch folgerichtig, dass bei einer von der IHK Halle-Dessau Ende 2002 durchgeführten Umfrage jedes zweite befragte Unternehmen im Kammerbezirk davon ausgeht, dass die Geschäftsbeziehungen mit den Beitrittsländern nach der EU-Erweiterung zunehmen werden. Deshalb: Sachsen-Anhalt als Brücke zu den Beitrittsländern – aus dieser Tradition kann Zukunft werden.

Landwirtschaft

Mit dem Beitritt der zehn Länder erhöht sich die landwirtschaftliche Nutzfläche der EU um 45%. In diesen Ländern sind mit 10,3 Mio. Menschen 35% mehr Menschen in der Landwirtschaft beschäftigt als in der jetzigen EU zusammen.[15] Dies zwingt die Beitrittsländer zu Strukturanpassungen, die so gravierend sind, dass die dort damit verbundenen Befürchtungen den Erfolg der Beitrittsreferenden gefährden könnte.

Aber mit dem Beitritt wächst auch der Markt für Landwirtschaftsprodukte deutlich an: 100 Mio. neue Verbraucherinnen und Verbraucher wollen auf den Geschmack kommen. Veränderungen können sich daher buchstäblich bis zum eigenen Hoftor in der Börde oder der Altmark auswirken. Ich bin überzeugt, dass die Landwirte in Sachsen-Anhalt nicht mit Sorge auf die Erweiterung blicken müssen. Sie wirtschaften unter günstigsten natürlichen Standortbedingungen, verfügen über einen erstklassigen technischen Stand bei Maschinen und Stalleinrichtungen, der eine kostengünstige Produktion erlaubt, sie haben außergewöhnlich gute Betriebsgrößen und – nicht zu vergessen – ein umfangreiches Know-How. Dies alles wird die Wettbewerbssituation der einheimischen Bauern stärken.

Jedoch müssen sich auch unsere Landwirte auf Veränderungen einstellen. Einerseits ist nicht auszuschließen, dass niedrigere Arbeits- und Bodenkosten in den Beitrittsländern in einigen Bereichen zur verstärkten Konkurrenz führen. Anderseits kommt die Debatte um die zukünftige Agrarpolitik der EU schon jetzt am Thema Geld nicht vorbei. Ein erster Schritt zur Deckelung der Ausgaben ist gemacht. Die jüngst beschlossenen Eckdaten zur Erweiterung sehen ein Einfrieren der Direktzahlungen im Agrarhaushalt auf dem Stand von 2006 zuzüglich eines jährlichen 1%igen Inflationszuschlages vor (insgesamt 272 Mrd. € 2007 bis 2013 für EU-25/27 gegenüber 267 Mrd. € 2000 bis 2006 für EU-15). Auch wenn die Landwirte in den Beitrittsländern im Jahre 2006 gemäß Übereinkunft nur 35% der Direktzahlungen der derzeitigen Mitgliedstaaten erhalten und erst im Jahre 2013 den vollen Anteil der dann geltenden Regelungen bekommen werden, bedeutet dies nichts

---

15 European Commission, Directorate-General for Agriculture: Agricultural Situation and Prospects in the Central and Eastern European Countries, Summary Report, Working Document, Juni 1998

anderes, als dass die Zahlungen an jetzige Mitgliedstaaten geringer ausfallen werden. Landwirtschaftskommissar Fischler hat mit einigen Vorschlägen Mitte 2002 die Richtung angedeutet. Neben anderen Maßnahmen soll es für die Direktzahlungen Obergrenzen pro Betrieb geben. Eine solche Regelung würde die Betriebe in den neuen Bundesländern massiv treffen. Hier hat Sachsen-Anhalt bereits seinen Protest artikuliert und wird auch weiterhin dagegen angehen, wenn es nicht bald zu Kompromissen kommen wird.

Die Höhe der Zahlungen für Agrarstrukturmaßnahmen und die Förderung des ländlichen Raumes (2000-2006: 30,4 Mrd. €) ist allerdings noch offen. Viele Agrarpolitiker gehen davon aus, dass sinkende Direktzahlungen an die Landwirte durch höhere Leistungen im Agrarstrukturbereich kompensiert werden müssen. Dies wäre sicherlich ein Schritt in die richtige Richtung, um in der Umstrukturierung der Landwirtschaft im Interesse der Verbraucher voranzukommen und die Existenz der Landwirte zu sichern, ohne dass sie nur „Masse" produzieren müssen.

Strukturförderung nach 2006

Ähnlich verhält es sich mit der Strukturförderung nach Auslaufen der jetzigen Förderperiode 2006. Die Strukturförderung ist dazu gedacht, Regionen mit wirtschaftlichen Rückständen zu unterstützen und ihnen den Anschluss an wirtschaftlich stärkere Regionen zu ermöglichen. Sachsen-Anhalt fällt, wie die übrigen neuen Bundesländer unter das Ziel-1-Kriterium. Darin sind alle Regionen erfasst, deren Pro-Kopf-BIP weniger als 75% des EU-Durchschnitts ausmacht. Trotz aller Anstrengungen, über Neuansiedlungen und Investitionen Arbeitsplätze zu schaffen und somit die Wirtschaftslage zu verbessern, wird unser Land noch längere Zeit auf diese Unterstützung angewiesen sein, denn der Aufholprozess geht leider nicht so rasch wie gewünscht voran.

Im Jahre 2004 wird jedoch schlagartig Folgendes passieren: Mit dem Beitritt der zehn neuen Mitgliedstaaten, deren Wirtschaftskraft deutlich geringer ist als die der jetzigen EU, sinkt automatisch der Durchschnittswert des Pro-Kopf-BIP um ca. 13%. Eine Folge ist, dass bis auf die Regionen um Dessau und Chemnitz alle neuen Bundesländer statistisch über die 75%-Schwelle springen, obwohl sich an der realen Wirtschaftslage nichts, aber auch gar nichts verbessert hat. Somit würden wir allein aufgrund dieses statistischen Effekts den Status eines Ziel-1-Gebietes und mithin die entsprechende Förderung verlieren. Die Schere zu den alten Ländern bliebe auf Dauer weit geöffnet. Bei aller Freude über die Erweiterung – damit werden wir uns nicht einverstanden erklären. Wir würden gemeinsam mit ca. 20 anderen europäischen Regionen zu Verlierern des Erweiterungsprozesses, weil letztlich auf unsere Kosten der Beitritt finanziert wird, während von den

Vorteilen der Osterweiterung natürlich abermals vor allem die wirtschaftsstärksten Regionen profitierten.

Wir brauchen Konzepte für eine wirklich tragfähig Regionalförderung nach 2006, die dazu beitragen, die Unterschiede zwischen strukturstarken und strukturschwachen Regionen weiter abzubauen. Die Bundesregierung hat zum Jahresende 2002 erstmals Eckpunkte einer Position für die EU-Strukturpolitik nach 2006 vorgelegt. Sie laufen im Wesentlichen auf eine Konzentration der EU-Strukturpolitik auf Ziel-1 bei schwerpunktmäßiger Orientierung auf die neuen Mitgliedstaaten hinaus.

Die Konzentration auf Ziel-1 erscheint unterstützenswert, da damit die gravierendsten Probleme und die Regionen mit dem größten Entwicklungsrückstand sowohl in der heutigen EU als auch in den neuen Mitgliedstaaten in den Mittelpunkt der Kohäsionspolitik der EU gestellt würden. Dies entspricht auch dem Subsidiaritätsprinzip. Allerdings erscheint die vom Bund vorgeschlagene Mittelausstattung zu gering. Sie würde gegenüber der laufenden Förderperiode von 153,9 Mrd. € (Ziel-1 und Kohäsionsfonds) auf ca. 90 Mrd. € absinken. Dies wäre eine Kürzung um über ein Drittel, die bei den betroffenen Mitgliedstaaten und Regionen kaum auf Akzeptanz stoßen dürfte.

Für Ostdeutschland bleibt unverzichtbar, dass Fördergebiete nicht allein aufgrund der Absenkung des EU-Durchschnitts ihren Ziel-1-Status verlieren dürfen (Neutralisierung des statistischen Effekts). Dies gilt – im Sinne kommunizierender Röhren – für den Beihilfestatus gemäß Artikel 87 Absatz 3 lit. a) gleichermaßen. Zusätzlich wäre zu prüfen, ob nicht bestimmte Sondersachverhalte bei der Einstufung der Ziel-1-Gebiete Berücksichtigung finden müssen. Zum Beispiel: Die durch das Hochwasser ausgelöste Sonderkonjunktur kann Wachstumseffekte auslösen, die direkt in den Bezugszeitraum 2001 bis 2003 fallen und damit den „statistischen Effekt" verstärken. Die Hochwasseropfer würden doppelt bestraft – kurzfristig durch die Schäden selbst und langfristig durch den Verlust der Förderung für ihre Region und damit den Verlust der auch dem Grundgesetz immanenten Perspektive, die Lebensverhältnisse in Deutschland sukzessive aneinander anzugleichen.

4. Chancen der EU-Erweiterung für Sachsen-Anhalt

Wie dargestellt, bietet die EU-Erweiterung vielfältige Chancen für Sachsen-Anhalt, die jedoch auch aktiv ergriffen werden müssen. Beeinflussung des Erweiterungsprozesses, Einbringung von Landesinteressen und Nutzung der sich aus der EU-Erweiterung ergebenden politischen, wirtschaftlichen und sonstigen Möglichkeiten sind daher untrennbar miteinander verbunden. Wir verfügen über entsprechende Instrumente.

Weil Art. 23 GG die Mitwirkungsrechte der Länder in EU-Fragen regelt, sind die Beschlüsse des Bundesrates das wichtigste Medium zur Beeinflussung der deutschen Politik im Rahmen der EU-Erweiterung. Sachsen-Anhalt hat gemeinsam mit allen deutschen Ländern Entschließungen zum Erweiterungsprozess der Europäischen Union erarbeitet, die vom Bundesrat verabschiedet wurden. Dabei wurde zu allen Verhandlungskapiteln der Beitrittsverhandlungen Stellung genommen. Besondere Bedeutung hatten – wie bereits erwähnt – die Regelungen zum Arbeitsmarkt, zur Arbeitnehmerfreizügigkeit, zur Dienstleistungsfreiheit, zur Agrarpolitik und zu Finanzfragen.

Darüber hinaus arbeiten die Ministerien der Landesregierung in den verschiedenen Fachministerkonferenzen mit, in denen sie Landesinteressen und Landespositionen zu europäischen Fragen aktiv in Beschlüsse und Berichte einbringen, denn Europa ist nicht nur institutionelle Architektur, sondern auch und gerade ein Prozess intensiver Kommunikation. Im Hinblick auf die EU-Erweiterung waren dabei die Beratungen der Wirtschaftsministerkonferenz, der Agrarministerkonferenz und der Finanzministerkonferenz besonders wichtig. In diesen Gremien wurden trotz unterschiedlicher Interessenlage der Länder letztlich Kompromisse ausgehandelt, die es den Ländern ermöglichten, gegenüber dem Bund und der EU mit einer Stimme zu sprechen. So entstanden die deutschen Vorschläge zur Arbeitnehmerfreizügigkeit, die das bereits dargestellte Ergebnis der Beitrittsverhandlungen maßgeblich beeinflusst haben. Und so entstanden die Kompromisse zu Agrar- und Finanzfragen. Die Europaministerkonferenz hat die verschiedenen Fachvoten gebündelt und die Entschließungen des Bundesrates vorbereitet.

Außenwirtschaftsförderung

Die Landesregierung unternimmt vielfältige Anstrengungen zur Erhöhung der Wettbewerbsfähigkeit der kleinen und mittelständischen Unternehmen des Landes, denen die mittel- und osteuropäischen Märkte vielseitige Geschäftsmöglichkeiten bieten. Wesentlicher Handlungsbedarf besteht dabei vor allem in der Ausweitung der außenwirtschaftlichen Aktivitäten zur Erschließung der Marktpotenziale Mittel- und Osteuropas. Dass dies zunehmend gelingt, belegen auch die zu Beginn aufgeführten Zahlen zur Außenhandelsstatistik des Landes.

Die positiven Ansätze werden landesseitig insbesondere durch folgende Maßnahmen flankiert:

- Bündelung der außenwirtschaftlichen Förderinstrumentarien (z.B. Messen, Unternehmerreisen, Kooperationsbörsen, Firmenpools) und Konzentration auf Schwerpunktregionen,

- gezielte Einbeziehung von Unternehmen mit umfangreichen Exporterfahrungen und entsprechenden Kooperationsbeziehungen und Nutzung für Unternehmen, die erst auf internationalen Märkten Fuß fassen wollen,
- Nutzung bereits bestehender Kontakte und Vernetzung von Aktivitäten zwischen den Landesressorts sowie Gewährleistung eines regelmäßigen, institutionalisierten Informationsaustausches.

Dabei kann der Staat immer nur Anstöße vermitteln und die Grundlagen für günstige Rahmenbedingungen schaffen. Ob und inwieweit die Unternehmen die vorhandenen Chancen auf den mittel- und osteuropäischen Märkten nutzen, liegt in ihrer eigenen Verantwortung und hängt von einer Reihe von Faktoren ab. Aktive Anpassungsstrategien wie Qualifizierungsmaßnahmen, das Aneignen von Kenntnissen über die neuen Märkte, die konsequente Nutzung komparativer Wettbewerbsvorteile und nicht zuletzt die Bildung grenzüberschreitender Kooperationen und Netzwerke sind wichtige Voraussetzungen für erfolgreiche grenzüberschreitende Aktivitäten.

Interregionale Zusammenarbeit des Landes Sachsen-Anhalt mit Beitrittsländern

Sachsen-Anhalt konnte in den letzten Jahren umfangreiche Erfahrungen im Umstrukturierungsprozess sammeln (Privatisierung, KMU-Förderung, Innovationsförderung, Einsatz der Strukturpolitik, Infrastrukturentwicklung etc.). Dieser Erfahrungsschatz ist zu einem überaus wichtigen Wissensspeicher geworden, den wir in die Beziehungen mit den Ländern Mittel- und Osteuropas einbringen können. Im Hinblick auf die Erweiterungsperspektiven und die damit verbundene Stabilisierung dieser Märkte sowie die Erhöhung der zahlungsfähigen Nachfrage aus diesen Ländern wollen wir unsere Transformationserfahrungen nutzen, um den Kandidatenländern zu helfen und zugleich die bilateralen, nicht zuletzt wirtschaftlich nutzbaren Kontakte zu vertiefen.

Verbindungsbüro des Landes in Brüssel

Auch wenn im Zeitalter moderner Kommunikation viele Vorgänge per Telefon, Fax oder E-Mail bearbeitet werden könnten, ist die Präsenz vor Ort, dort, wo die Entscheidungen vorbereitet und getroffen werden, unverzichtbar. Gerade in der EU geht ohne eine effektive und frühzeitige Lobbyarbeit nichts. Daher unterhält Sachsen-Anhalt in Brüssel ein eigenes Verbindungsbüro, um eine schnelle Information über die Debatten auf europäischer Ebene nach Sachsen-Anhalt zu transferieren und in der Gegenrichtung die Interessen des Landes direkt in die zuständigen Gremien einzuspeisen und – auch in

Europa zählt der Einzelne – an den Mann oder die Frau zu bringen. Da die Tätigkeiten unseres Büro in dieser Vorlesungsreihe ausführlich vorgestellt wurde, kann ich Näheres hier aussparen.[16] Ich will allerdings unterstreichen, dass ich die Arbeit der Kolleginnen und Kollegen in Brüssel sehr schätze. Das Verbindungsbüro wird auch weiterhin ein wichtiger und nützlicher Außenposten Sachsen-Anhalts in Brüssel sein, über den unsere Positionen und Interessen vor allem gegenüber Kommission und Parlament deutlich gemacht werden.

Stärkung der Europafähigkeit der Verwaltung

Europäisch denken, das darf allerdings nicht auf einige wenige Spezialisten in den Ministerien beschränkt bleiben. Europa durchdringt inzwischen nahezu alle Politikbereiche. Daher ist es für jede Mitarbeiterin und jeden Mitarbeiter in der Verwaltung wichtig, europäische Kompetenz zu besitzen. Europäisches Denken und Handeln muss zu einer Selbstverständlichkeit in allen Verwaltungszweigen werden. Hierauf wollen und müssen wir in Zukunft verstärkt unser Augenmerk richten, wollen wir wichtige Entwicklungen auf europäischer Ebene rechtzeitig erkennen und unsere Interessen einbringen. Dies setzt allerdings Sprachkenntnisse voraus, die nicht erst „im Dienst" erworben werden sollten, sondern auf die wir künftig verstärkt bereits bei der Einstellung von Nachwuchskräften achten werden.

Rolle des Zusammenwirkens der drei mitteldeutschen Länder

Sachsen-Anhalt für sich genommen kann bei allem Engagement nicht allein erfolgreich auf der europäischen Bühne agieren. Schließlich müssen wir neben großen – und reichen – Ländern wie Bayern, Baden-Württemberg und Nordrhein-Westfalen Gehör finden, die in Europafragen oft ganz andere Interessen verfolgen als wir. Daher ist es nötig, unsere Kräfte zu bündeln. Mit der von Ministerpräsident Prof. Dr. Wolfgang Böhmer angeregten Initiative Mitteldeutschland hat Sachsen-Anhalt den Anstoß dazu gegeben. Gemeinsam mit Sachsen und Thüringen können wir unsere Interessen wirkungsvoll vertreten. Die drei Länder haben im Wesentlichen die gleichen Problemlagen, stehen vor den gleichen Herausforderungen, haben aber auch ähnliche Standortprofile und Interessenlagen. Wichtig ist daher eine gemeinsame Orientierung, um Synergieeffekte und bessere Vermarktungschancen zu erzielen. Eine Zersplitterung mitteldeutscher Interessen in wesentlichen Fragen würde umso nachteiliger, je größer die EU wird.

---

16 Siehe dazu den Beitrag von Thomas Wobben in diesem Band.

Und bevor jetzt Hoffnungen oder Befürchtungen (je nach Blickwinkel) heranreifen, möchte ich klarstellen, dass ich die gerade jetzt wieder aufkommende Diskussion um einen Zusammenschluss der mitteldeutschen Länder für abwegig halte, solange sie nicht in eine umfassende Neugliederung des gesamten Bundesgebietes eingebunden wird, wie wir uns dies beim Einigungsvertrag vorgenommen hatten. Angesichts anderer gravierenderer Probleme sollten wir unsere Zeit und Energie darauf nicht verschwenden. Was wir aber brauchen, ist die Formulierung gemeinsamer Interessen und Projekte, die Konzentration auf gemeinsame Standortvorteile und die gemeinsame Durchsetzung konkreter Vorhaben, ich nenne hier nur beispielhaft die Bewerbung von Sachsen-Anhalt und Sachsen um den Bau der Europäischen Spallationsanlage (ESS), von deren Sinnhaftigkeit wir die noch zögernde Wissenschaftsgemeinschaft in Deutschland noch hoffen überzeugen zu können.

Auch sonst gibt es Aufgabenfelder genug, etwa die Verkehrspolitik. Mitteldeutschland kommt nach meiner Einschätzung eine wichtige Brückenfunktion zwischen Ost und West zu. Es wird sich zum Drehkreuz für Verkehrsströme und Waren im gesamteuropäischen Wirtschaftsraum entwickeln, mit positiven Wirkungen auf den Arbeitsmarkt. Schon heute sind unsere drei Länder stark vom europäischen Verkehr zwischen Ost und West sowie zwischen Nord und Süd betroffen. Mit der Erweiterung der EU und dem damit verbundenen erhöhten Verkehrsaufkommen im größeren Binnenmarkt wird sich diese Situation noch verstärken. Der Ausbau der Verkehrsinfrastruktur ist dabei nicht nur Mittel zur reibungslosen Durchleitung dieser Verkehrsströme, sondern auch Grundlage für die Entwicklung Mitteldeutschlands in einem sich immer rasanter entwickelnden globalen Wettbewerb. Und die Verkehrspolitik schließt gerade in diesem Kontext die Wiederherstellung der Elbe als Wasserstraße in wenigstens dem Zustand ein, der bis in die fünfziger Jahre hinein Bestand gehabt hat.

Ein weiterer für die Wirtschaft unseres Landes äußerst wichtiger Punkt ist die zukünftige Ausgestaltung der Chemiepolitik der EU. Auch hier gilt es, unsere Interessen deutlich in Brüssel zu artikulieren, wollen wir massive Nachteile für die heimische chemische Industrie, immerhin einer der wenigen Wirtschaftsmotoren in Sachsen-Anhalt, vermeiden. Nach der Wende ist im mitteldeutschen Raum die modernste Chemieindustrie Europas entstanden. Die Neuinvestitionen beinhalteten auch massive Vorleistungen bei Umweltschutz, Ressourcenschonung und Emmissionsabbau. Deshalb sind auch wir für die Erhöhung der Sicherheit von Mensch und Umwelt und wollen das derzeitige Chemikalienrecht vereinheitlichen und vereinfachen. Doch mit den Vorstellungen der EU-Kommission wird die Entwicklung der chemischen Industrie und der Forschung insgesamt aufs Spiel gesetzt, Innovationen werden noch teurer und benötigen mehr Zeit. Konsequenz wird sein, dass Europa die chemische Forschung an die USA und Asien verliert. Das wird nicht nur ein Problem der chemischen Industrie allein sein, denn ein Schnupfen dieser

Schlüsselbranche führt zu einem grippalen Infekt des gesamten Wirtschaftssystems. Im Sinne unserer Wirtschaft wollen wir, gemeinsam mit den übrigen neuen Bundesländern, Nachbesserungen erreichen und erwarten auch von der Bundesregierung die notwendige Unterstützung.

Aber auch die Hochwasserkatastrophe des vergangenen Jahres hat deutlich gemacht, dass unser Denken und Handeln nicht an den Landesgrenzen Sachsen-Anhalts Halt machen darf. Hier hat sich länderübergreifende und internationale Zusammenarbeit bewährt, in die wir uns gern weiterhin einbringen wollen.

Es gibt weitere Felder möglicher Kooperationen, die Potenziale sind nicht annähernd ausgeschöpft. Wenn wir diese Chancen nutzen, dann gilt: Mitteldeutschland und Sachsen-Anhalt blühen auf. Wir müssen uns als europäische Region Mitteldeutschland fühlen, entsprechend handeln und uns auch so präsentieren.

Verstärkung der europapolitischen Informations- und Öffentlichkeitsarbeit

Präsentieren heißt auch, dass wir Europa ins öffentliche Bewusstsein bringen müssen. Gerade vor dem Hintergrund der anstehenden Erweiterung ist Information über das, was Europa ausmacht, wichtiger denn je. Die regelmäßigen Umfragen des Eurobarometer machen die Defizite bei der Information der Bevölkerung über die Erweiterung deutlich. Laut den im September 2002 veröffentlichten Ergebnissen fühlt sich lediglich ein Viertel der Deutschen gut oder sehr gut über die EU-Erweiterung informiert. Damit liegt der Informationsstand zwar immer noch über dem EU-Durchschnitt (21%), befriedigen kann dieser Wert jedoch nicht, zumal die Werte gegenüber der Befragung vom Frühjahr 2001 nur geringfügig angestiegen sind.[17]

In Sachsen-Anhalt gibt es eine Vielzahl von Veranstaltungen und Projekten, die sich speziell mit Europa und der EU-Erweiterung beschäftigen. Engagierte Menschen in Vereinen, Verbänden, Schulen und Hochschulen usw. vermitteln die europäischen Gedanken, und dies auch außerhalb der jährlichen Europawoche. Leider werden diese Veranstaltungen oft nicht richtig wahrgenommen. Wir haben uns für das Jahr 2003 vorgenommen, solche Projekte unter einem Dach zusammenzuführen. Mit finanzieller Unterstützung der Europäischen Kommission, mit der zurzeit die Einzelheiten erörtert werden, wollen wir eine Informations- und Kommunikationsstrategie zur EU-Erweiterung initiieren, die über dieses historische Kapitel informiert, den Dialog fördert und dazu beiträgt, die Akzeptanz in der Bevölkerung zu erhöhen. An dieser Stelle möchte ich denjenigen danken, die sich mit Projektideen eingebracht haben. Solches Engagement brauchen wir, denn eines steht

---

17 Eurobarometer 57

auch fest: Als Landesregierung allein können wir noch so sehr informieren, noch so viele Veranstaltungen anbieten – wenn nicht aus der Gesellschaft selbst heraus Initiative entsteht, die den Europagedanken weiter trägt, dann wird es nicht gelingen, in der Bevölkerung ein positiveres Bewusstsein für Europa zu schaffen.

Gerade die Jugendlichen sind hier eine wichtige Zielgruppe, sind sie doch die Generation, die das gemeinsame Haus Europa in Zukunft mit Leben erfüllen und weiter gestalten soll, und das Interesse ist größer, als vielfach angenommen wird.

5. Reformbedarf der EU

Gestatten Sie mir abschließend einige Ausführungen zum inneren Reformbedarf der EU und damit zum Verhandlungsstand des Europäischen Konvents.

Nicht erst die bevorstehende Erweiterung hat den Reformbedarf in der EU deutlich gemacht, aber mit der Erweiterung wird der Veränderungsdruck übermächtig, denn ohne institutionelle Reformen wird man eine Union von 25 und mehr Mitgliedern nicht handlungs- und integrationsfähig erhalten können. Die Vereinbarungen im Vertrag von Nizza etwa zur Stimmenverteilung und Stimmengewichtung im Rat können dabei nur ein Anfang sein.

Konvent zur Zukunft der EU

Der Europäische Verfassungskonvent ist das bislang bedeutendste und auch inhaltlich anspruchsvollste Reformprojekt der Europäischen Union. Er hat das Ziel, durch eine umfassende Reform die innere und äußere Handlungsfähigkeit der erweiterten Union in einer globalisierten Welt sicherzustellen und in der institutionellen Architektur auch in Zukunft Klarheit, Legitimität und Effektivität zu gewährleisten.

Nach dem erfolgreichen Modell der Grundrechtecharta beschreitet die EU bei der Reform des europäischen Vertragswerkes neue Wege. In dem Konvent mit immerhin 105 Mitgliedern und ihren Stellvertretern arbeiten Vertreter der mitgliedstaatlichen Regierungen, der nationalen Parlamente, des Europaparlaments, der Kommission sowie der Regierungen und Parlamente der Beitrittskandidaten zusammen.

Für uns besonders wichtig ist die unmittelbare Beteiligung der deutschen Länder über einen vom Bundesrat benannten Vertreter, den baden-württembergischen Ministerpräsidenten Erwin Teufel.

Wir müssen uns darüber im Klaren sein: Die Arbeit im Konvent wird immer schwieriger. Nahezu alle europapolitischen Denkschulen sind in ihrer ganzen Vielfalt im Konvent vertreten. Solange die Debatte noch eher allgemeinen Strukturen galt, war es vergleichsweise einfach, alle Traditionen, alle nationalen Sonderaspekte auf einen Nenner zu bringen. Je konkreter – und damit im eigentlichen Sinne politischer – die Verfassungsdebatte wird, umso schwieriger wird es, für alle akzeptable Kompromisse zu finden, die die europäische Integration auch tatsächlich voranbringen und sie nicht in Formelkompromissen ersticken.

Ende Oktober 2002 hat Präsident Valery Giscard d'Estaing im Namen des Präsidiums den Entwurf für die Struktur des Europäischen Verfassungsvertrages vorgelegt. Er gliedert sich in drei Teile. In einen ersten Teil sollen die Verfassungsgrundlagen im engeren Sinne – einschließlich der Charta der Grundrechte – aufgenommen werden. Im zweiten werden die Politikbereiche der Union beschrieben. Der dritte Teil enthält Schlussbestimmungen, darunter die Ratifikation und das Vertragsänderungsverfahren.

Die Regierungschefs der Länder haben sich am 19. Dezember 2002 mit dem Europäischen Konvent befasst und eine „Stellungnahme der Deutschen Länder zum Stand der Beratungen im Konvent" beschlossen. Hauptpunkte der Stellungnahme sind die folgenden:

– Der „Vorentwurf des Verfassungsvertrags" ist eine gute Grundlage für die weiteren Arbeiten des Konvents.
– Die Grundrechtecharta soll vollständig in den Verfassungsvertrag einbezogen werden.
– Die Zuerkennung einer eigenen Rechtspersönlichkeit für die EU ist zeitgemäß, weil sie unter anderem die Möglichkeit eröffnet, dass die EU der Europäischen Menschenrechtskonvention beitreten kann.
– Die Einrichtung eines „Kongresses der Völker Europas" und die Schaffung eines neuen intergouvernementalen Führungsamtes („Europäischer Präsident") lehnen wir ab, denn sie würde der Erhaltung des institutionellen Gleichgewichtes der EU-Organe widersprechen.
– Der Kommissionspräsident sollte durch das Europäische Parlament – nicht einen etwaigen Kongress – gewählt und durch den Rat bestätigt werden.
– Das Mitentscheidungsrecht des Europäischen Parlaments soll zum Regelverfahren werden.
– Dem Europäischen Parlament ist das volle Haushaltsrecht zuzuerkennen.
– Die Festlegung von Kompetenzkategorien und die vorgesehene Definition der verschiedenen Handlungsformen und -instrumente im Entwurf des Verfassungsvertrags wird begrüßt. Allerdings ist eine Klarstellung erforderlich, dass sich konkrete Zuständigkeiten der Europäischen Union für die einzelnen Politikbereiche allein aus den Einzelermächtigungen ergeben.
– Die Vorschläge der Konventsarbeitsgruppen zum „Frühwarnsystem" sind ein geeigneter Ansatz zur besseren Sicherung der Subsidiarität und

Verhältnismäßigkeit. Dabei ist sicherzustellen, dass alle Kammern der nationalen Parlamente – in Deutschland Bundestag und Bundesrat – beteiligt werden.
- Die Forderungen nach einem Klagerecht der Regionen zur Überwachung des Subsidiaritätsprinzips und zur Wahrung ihrer Rechte und Zuständigkeiten sowie der Achtung ihrer Legislativ- und Exekutivbefugnisse werden bekräftigt.
- Der Vorschlag, die innerstaatlichen Ordnungen im Hinblick auf die Rolle der Regionen und Kommunen anzuerkennen, ist zu begrüßen.

So viel zu den Positionen der Ministerpräsidentenkonferenz. Nicht unproblematisch ist die von Bundeskanzler Gerhard Schröder und dem französischen Präsidenten Jaques Chirac jetzt vorgeschlagene „Doppelspitze", bei der neben den vom Parlament mit qualifizierter Mehrheit (Quorum noch offen) gewählten Kommissionspräsidenten ein gestärkter, auf mehrere Jahre gewählter Ratspräsident tritt. Der Bundesaußenminister Joschka Fischer hat uns nachträglich wissen lassen, daran habe mit Frankreich kein Weg vorbeigeführt, wenn man sich überhaupt habe einigen wollen. Wir müssen ihm dies glauben, denn wir waren nicht beteiligt. Letztlich hat sich damit Frankreich durchgesetzt, das den Rat stärken wollte, während die deutsche Position bislang auf eine Stärkung der Kommission und des Europäischen Parlamentes ausgerichtet war. Ob das Spannungsverhältnis, zu dem der Doppelhut führen wird, durch einen EU-Außenminister mit einem eigenen Europäischen Diplomatischen Dienst hinreichend abgefangen werden kann, der die Ämter des Hohen Vertreters und des Kommissars für Außenbeziehungen unter einem Dach vereinen soll, erscheint mir mehr als fraglich. Auf jeden Fall wird der Kommissionspräsident die volle Zuständigkeit für den Bereich der Gemeinschaftsaufgaben behalten und ein gewählter Ratspräsident sich auf den intergouvernementalen Bereich beschränken müssen.

Wir haben Erörterungsbedarf in Deutschland, wenn wir weiterhin auf eine zwischen Bund und Ländern abgestimmte Europapolitik Wert legen. Die Veröffentlichung deutsch-französischer Initiativen ohne vorherige Abstimmung gefährdet das föderale Zusammenwirken von Bund und Ländern. Die Bundesregierung provoziert damit Konflikte, die die Geschlossenheit der deutschen Europapolitik aufs Spiel setzen.

Von besonderer Bedeutung sind gerade für die Länder auch die Beratungen des Europäischen Konvents im Bereich Justiz und Inneres. Im Hinblick auf die Erwartungen der Bürgerinnen und Bürger ist es uneingeschränkt zu begrüßen, dass der Europäische Konvent dem Aufbau eines Raumes der Freiheit, der Sicherheit, und des Rechts hohe Aufmerksamkeit widmet. Dieser Aufbau muss sich jedoch im Einklang mit den verfassungsrechtlichen Strukturen der Mitgliedstaaten vollziehen. In Deutschland sind dabei in erheblichem Umfang Zuständigkeiten der Länder, insbesondere die Polizei- und die Justizhoheit, betroffen. Dies wissen andere Staaten nicht, und die

Bundesregierung ist gerade auf diesem Felde nicht immer jener Sachwalter der Interessen der Länder, auf den wir wegen des außenpolitischen Primats des Bundes angewiesen sind.

Die Länder haben daher auf der Basis von Beschlüssen des Bundesrates und der Fachministerkonferenzen eine Stellungnahme zum Thema „Freiheit, Sicherheit und Recht" erarbeitet, die Ministerpräsident Teufel am 6. Dezember 2002 in die Beratungen des Konvents eingebracht hat. Hauptpunkte sind die folgenden:

– Die „Drei-Säulen-Architektur" soll im Interesse der Vereinfachung aufgegeben werden. Dies bedeutet aber keine pauschale Überführung in die erste Säule. Vielmehr ist im Vertrag im Einzelnen festzulegen, welche Instrumente und Verfahren für die der EU jeweils eingeräumten Handlungsermächtigungen gelten sollen.
– Sofern die Voraussetzungen für ein europaweit harmonisiertes Strafprozessrecht geschaffen werden, sind auch Exekutivbefugnisse für Europol denkbar. Ferner benötigt Europol wirksame Koordinierungsbefugnisse, um seine strategische Arbeit in den Mitgliedstaaten umsetzen zu können.
– Die im Vertrag von Nizza enthaltenen allgemeinen Bestimmungen zu EUROJUST erscheinen angemessen. Ein weitergehendes Votum zugunsten einer Europäischen Staatsanwaltschaft ist zumindest derzeit nicht veranlasst.
– Die Länder sind der Überzeugung, dass die Fortentwicklung der grenzüberschreitenden Polizeikooperation von zentraler Bedeutung ist. Aus Gründen der Subsidiarität, aber durchaus auch der Effektivität von Kriminalitätsbekämpfung dürfen sich die Beratungen im Konvent nicht allein auf Möglichkeiten der Schaffung zentraler europäischer Behörden oder zentralistischer Arbeitsprinzipien erstrecken. Dies gilt auch für die in der Diskussion befindliche Schaffung einer europäischen Grenzpolizei.

Ein weiterer Bereich mit besonderer Bedeutung für Sachsen-Anhalt ist die künftige Stellung der Länder und Regionen in der EU. Die Länderkompetenzen sind durch den europäischen Integrationsprozess unmittelbar berührt. Zwar haben die – vergleichsweise wenigen – Regionen mit Gesetzgebungskompetenzen eine wichtige Funktion bei der Umsetzung europäischen Rechts, verfügen jedoch (zumindest auf europäischer Ebene) nicht über ausreichend Mitwirkungsmöglichkeiten. Die beratende Rolle des Ausschusses der Regionen reicht bei weitem nicht aus. Bedauerlicherweise spielen die Mitwirkungsrechte der Länder und Regionen bisher im erwähnten Vertragsentwurf wie auch in den Arbeiten des Konvents insgesamt kaum eine Rolle. Das Thema wird in der Konventsitzung am 6./7. Februar 2003 behandelt werden. Sachsen-Anhalt hat gemeinsam mit Baden-Württemberg als Berichterstatter in der Europaministerkonferenz konkrete Vorschläge zur künftigen Stellung der Länder und Regionen in der EU erarbeitet. Kernpunkte sind:

1. Die Regionen sollen im zukünftigen europäischen Verfassungsvertrag als dritte Ebene neben der EU und den Mitgliedstaaten ausdrücklich anerkannt werden. In Artikel 6 Abs. 3 EU-Vertrag soll festgehalten werden, dass die Achtung der „nationalen Identität ihrer Mitgliedstaaten" auch deren innerstaatlichen Aufbau, insbesondere die innerstaatliche Kompetenzverteilung, die regionale Gliederung, die kommunale Selbstverwaltung und die rechtliche Stellung der Kirchen umfasst.
   Die von der Arbeitsgruppe Subsidiarität des Konvents vorgeschlagene, nach ihrem Vorsitzenden benannte „Christophersen-Klausel" wird diesem Anliegen weitgehend gerecht.
2. Regionen sowie kommunale Gebietskörperschaften sollten beim EuGH ein Klagerecht erhalten, sofern und soweit sie in ihren Rechten und Zuständigkeiten durch Maßnahmen und Vorhaben der EU berührt sind; dies sollte sowohl für Verletzungen des Subsidiaritätsprinzips als auch für Kompetenzüberschreitungen gelten. Zugleich sind sie an dem geplanten ex-ante Mechanismus zur Sicherstellung der Einhaltung des Subsidiaritätsprinzips zu beteiligen.
3. Auch der Ausschuss der Regionen sollte zur Wahrung seiner Befugnisse und im Falle einer mutmaßlichen Verletzung des Subsidiaritätsprinzips ein Klagerecht erhalten.
4. Die Mitglieder des AdR sollten ein Fragerecht zu Angelegenheiten mit regionalem Bezug gegenüber der Kommission erhalten.
5. Die Vorschläge des Konvents zur Stärkung der nationalen Parlamente sollten auch auf die regionalen Parlamente ausgeweitet werden, wenn und soweit sie EU-Recht umsetzen.

Bekanntlich legen die deutschen Länder besonderen Wert auf ein direktes Klagerecht der Regionen mit Gesetzgebungskompetenzen beim EuGH (Ziffer 2). Aufgrund der Machtverhältnisse in der EU und der festgefahrenen Diskussion ist ein solches Recht für die nationalen Parlamente und damit auch den Bundesrat erreichbar. Es erscheint jedoch nicht erfolgversprechend, im Konvent Sonderrechte für Regionen mit Gesetzgebungsbefugnissen, also ein Klagerecht für unsere Länder zu fordern. Stattdessen sind allgemeine Formulierungen gesucht worden, die in ihren Auswirkungen für die deutschen Länder die gewünschten Fortschritte bringen können, jedenfalls aber Entwicklungen in unserem Sinne nicht von vornherein behindern.

Bei der Vorstellung des Arbeitsprogramms des Konvents für 2003 in der Konventssitzung am 20. Dezember 2002 hat Präsident Giscard d'Estaing angekündigt, dass noch vor Ostern 2003 die Entwürfe für den gesamten ersten Teil des Verfassungsvertrages vorliegen sollen. Danach soll der komplette Verfassungsentwurf im Konvent diskutiert, angenommen und im Juni dem Europäischen Rat in Thessaloniki übergeben werden. Im zweiten Halbjahr 2003 soll eine Regierungskonferenz den Entwurf prüfen, damit die Europäische Verfassung auf dem Europäischen Rat in Rom im Dezember 2003 unterzeichnet werden kann.

6. Resümee

Die Erweiterung der EU ist Chance und Risiko gleichermaßen. Die Risiken, die zu bewältigen wir herausgefordert sind, sind nach meiner Auffassung allerdings nur kurz- und mittelfristiger Natur und vor allem technisch-operativer Art. Die Chance zu einem friedlichen und geeinten Europa in Demokratie, Freiheit und Wohlstand ist ein langfristiger, im besten Sinne nachhaltiger Gewinn für uns alle. Sorgen wir, jeder an seinem Platz dafür, dass auch Sachsen-Anhalt davon profitiert und seinen angestammten Platz in Europa festigt.

Der Herausgeber

Wolfgang Renzsch
Prof. Dr., Institut für Politikwissenschaft, Otto-von Guericke Universität Magdeburg

Die Referenten

Wolfgang Böhm
Staatssekretär im Kultusministerium des Landes Sachsen-Anhalt

Jürgen Meyer
Prof. Dr., Mitglied des Deutschen Bundestages 1990 – 2002, Mitglied des Europäischen Konvents, Vertreter des Deutschen Bundestages

Manfred Püchel
Dr., MdL, Innenminister des Landes Sachsen-Anhalt 1994 – 2002, seitdem Vorsitzender der SPD-Fraktion im Landtag von Sachsen-Anhalt

Rainer Robra
Staatsminister (Chef der Staatskanzlei, Europaminister) in der Staatskanzlei des Landes Sachsen-Anhalt

Tilman Tögel
MdL, Mitglied des Ausschusses der Regionen

Thomas Wobben
Leiter des Verbindungsbüros des Landes Sachsen-Anhalt bei der EU

MIX
Papier aus verantwortungsvollen Quellen
Paper from responsible sources
FSC® C105338

If you have any concerns about our products,
you can contact us on
ProductSafety@springernature.com

In case Publisher is established outside the EU,
the EU authorized representative is:
**Springer Nature Customer Service Center GmbH
Europaplatz 3, 69115 Heidelberg, Germany**

Printed by Libri Plureos GmbH
in Hamburg, Germany